GUILLAUME APOLLINAIRE

Alcools

PARCOURS ASSOCIÉ Modernité poétique ?

1913

TEXTE INTÉGRAL

Édition présentée par
Alexandra Huguet
Agrégée de Lettres modernes

Sous la direction de
Sophie Pailloux-Riggi
Agrégée de Lettres modernes

Sommaire

- ▶ **Biographie** .. 4
- ▶ **Contexte historique et culturel** 7
- ▶ **Repères chronologiques** 10

Lire... *Alcools* .. 11

Explication de texte 1
« Les colchiques » :
une églogue aux tonalités élégiaques ? 34

Explication de texte 2
« Cortège » : un art poétique ? 51

Explication de texte 3
« Marie » :
écrire pour contrer la fuite du temps ? 58

Explication de texte 4
« L'émigrant de Landor Road » :
rêve d'ailleurs fécond ou voyage dangereux ? 85

Explication de texte 5
« Nuit rhénane » :
l'ivresse, source de création poétique ? 92

Explication de texte 6
« À la santé » :
comment écrire l'épreuve de la prison ? 116

ISBN : 978-2-09-151215-0 © Nathan 2019.

LE DOSSIER du lycéen

▶ Structure de l'œuvre … 128

▶ Testez votre lecture … 132

▶ Comprendre l'œuvre
1. L'ivresse poétique … 134
2. Les femmes, la femme … 137
3. Une méditation sur la fuite du temps … 139

▶ Explorer le parcours associé : « Modernité poétique ? »

LES THÈMES
1. Le lyrisme de la modernité … 144
2. Une réinvention de la poésie personnelle … 148
3. *Alcools*, une poétique du monde moderne … 152
4. La poésie moderne comme art du bricolage en liberté … 157

LECTURE D'IMAGES

▶ Apollinaire et les peintres
1. Robert Delaunay, *La Tour Eiffel*, 1926 … 162
2. Pablo Picasso, *Arlequin assis*, 1901 … 163

GROUPEMENT DE TEXTES

▶ Dans le sillage d'Apollinaire : le lyrisme de la modernité
1. Max Jacob, *Le Laboratoire central*, 1960 … 166
2. Blaise Cendrars, *Dix-neuf Poèmes élastiques*, 1919 … 169
3. Pierre Reverdy, *Sources du vent*, 1913-1949 … 171
4. André Breton, *Clair de terre*, 1923 … 172
5. Louis Aragon, *Le Mouvement perpétuel*, 1926 … 174
6. Aimé Césaire, *Soleil cou coupé*, 1948 … 176
7. Philippe Jaccottet, *À la lumière d'hiver*, 1977 … 177

▶ Vers le BAC
LA DISSERTATION … 180
L'ORAL DU BAC … 188

▶ Lexique de la poésie … 195
▶ Conseils de lecture … 198
▶ Sommaire des poèmes … 199

Biographie

Qui est Apollinaire en 1913 ?

Si Guillaume Apollinaire a 33 ans lorsque son premier recueil, *Alcools*, est publié au Mercure de France en 1913, ce n'est pas pour autant un tout jeune poète. Il a déjà environ 250 poèmes et textes à son actif, dont seuls quelques-uns ont été rendus publics, tels le roman *Les Onze Mille Verges* et le recueil poétique *Bestiaires*, en 1907. Il a également publié de nombreuses critiques d'art et des entretiens avec des peintres devenus alors célèbres comme Matisse.

Une enfance mystérieuse et mystique

- Le secret de la paternité de Guillaume Apollinaire, né Guillaume Vladimir Alexandre Apollinaire de Kostrowitzky, n'a jamais été levé. Il naît en Italie, en 1880, d'une mère polonaise demi-mondaine qui lui raconte que son père est un officier italien et qui, trop occupée, envoie rapidement ses deux fils en pensionnat. Il arrive en France vers six ans seulement, à Nice où sa mère décide de s'installer, et il est fasciné par la Côte d'Azur, ses paysages et ses odeurs.

> *Il développe un goût pour les alphabets, qui lui inspirera plus tard ses* Calligrammes, *et une passion pour les mots rares, inventés, argotiques.*

- Parce qu'il côtoie très jeune diverses langues, il développe un goût pour les alphabets, qui lui inspirera plus tard ses *Calligrammes*, et une passion pour les mots rares, inventés, argotiques, qu'il note constamment dans de petits carnets.

- Grand lecteur, il dévore la poésie des symbolistes du XIXe siècle tout comme celle de François Villon, poète du XVe siècle. Au pensionnat, c'est un élève discret et très pieux, qui ne remet en question sa foi qu'à l'âge de 16 ans, dans une crise mystique qui le conduit à repousser toutes les certitudes et l'innocence de son enfance.

- C'est encore en suivant sa mère à Chatou qu'il se rapproche de Paris en 1904. Cette année est celle de la rencontre des peintres parisiens et de son entrée dans le monde de l'art, concrétisée par sa décision, en 1907, de vivre seul et de sa plume.

Le « passeur » de la modernité picturale

- Ses premières rencontres avec la peinture ont lieu avec les peintres Derain et Vlaminck, en 1904, puis avec Picasso, l'année suivante. Rapidement, Apollinaire devient un « passeur », qui met en relation les peintres

de l'époque, qu'il faut imaginer encore à peine connus, tels Braque et Picasso, ou encore Matisse, qu'il fait découvrir au public dans des entretiens publiés en 1907.

> *Apollinaire devient un « passeur », il met en relation les peintres de l'époque qu'il fait découvrir au public.*

- Passeur, mais aussi découvreur : il est le premier à mettre en lumière Delaunay, Chirico, il fait leur promotion, leur déniche des marchands d'art. Rien d'étonnant à ce que ses premières publications prennent la forme de livres d'art, comme le recueil de poèmes *Bestiaires*, illustré par Raoul Dufy, ou *L'Enchanteur Pourrissant*, un texte mélangeant roman et théâtre enrichi de gravures d'André Derain, qu'il signe de ses initiales ou du pseudonyme « Guillaume Macabre ».

Les incertitudes de l'identité

- De ses errances géographiques et identitaires de l'enfance, Guillaume Apollinaire tire une liberté certaine, un goût marqué pour les voyages, mais également le sentiment d'étrangeté de l'apatride. Il n'a pas encore la nationalité française, en 1912, lors de l'épisode traumatisant de son incarcération à la prison de la Santé. Il est alors accusé d'avoir participé au vol de la Joconde, au musée du Louvre, parce que son secrétaire personnel est l'auteur d'un précédent vol.
- Ce fait divers trouve un écho retentissant dans la presse de l'époque : Apollinaire est la cible de textes antisémites l'accusant d'être un juif à la tête d'une bande organisée de bandits. Malgré un non-lieu qui le disculpe quelques mois plus tard, le poète reste marqué par l'humiliation d'être ainsi mis au ban de la société française. C'est sans doute pour régler définitivement cette question d'exclusion qu'il s'engage dans la guerre en 1914 et qu'il demande, en 1916, la nationalité française, qu'il obtiendra.

Trois femmes, trois ruptures, trois périodes poétiques

- En 1901, Apollinaire rencontre Annie Playden. Il est alors le professeur de français de Gabrielle, fille de la Vicomtesse de Milhau, et c'est en les accompagnant en Allemagne qu'il fait la connaissance de cette jeune gouvernante anglaise. Leur liaison prend fin, douloureusement, en 1904.
- La seconde femme qui l'inspire est peintre et se nomme Marie Laurencin. Apollinaire la rencontre en 1907, et cet amour parfois tumultueux dure cinq années, pendant lesquelles il écrit pour elle, et sur elle, de nombreux poèmes. Mais le caractère infidèle d'Apollinaire et les disputes trop fréquentes finissent par mettre un terme à leur relation.
- La dernière est une jeune aristocrate, riche, divorcée, affranchie de toutes convenances sociales, Louise de Coligny-Chatillon, surnommée Lou. Cette liaison débutée en 1914 à Nice se confond rapidement avec l'expérience de la guerre et des tranchées, dont elle reflète l'ambivalence – beauté et

> *Ses amours sont des sources profondes d'écriture poétique.*

cruauté. Lou est franche dès le début : elle n'aime pas Apollinaire, et lui ne peut se contenter d'un amour uniquement charnel.

• Ces amours sont, pour Apollinaire, des sources profondes d'écriture poétique, suscitant à chaque fois un élan neuf, une inspiration différente, et une même fascination pour les femmes libres.

1913, *Alcools*

• La genèse du livre remonte à 1910, quand Apollinaire décide enfin de publier des poèmes qui sont, pour certains, déjà regroupés en recueils. C'est le cas de la poésie dite « rhénane », rassemblant des poèmes, inspirés par son séjour en Allemagne et Annie Playden, qu'il avait envisagé de publier initialement sous le nom de « Vent du Rhin ».

• Le sous-titre d'*Alcools* dans la première édition au Mercure de France en précise la matière : « Poèmes 1898-1912 », soit cinquante-deux poèmes s'étendant sur une période de quatorze années d'écriture poétique. En 1910, il pense intituler son recueil *Eau-de-vie* ; ce n'est qu'en octobre 1912, en corrigeant des épreuves déjà imprimées par l'éditeur, qu'il choisit pour titre pour *Alcools*. Son tirage, à 500 exemplaires, dont 350 sont vendus dans l'année qui le suit, paraît aujourd'hui très confidentiel. Le recueil devient pourtant rapidement le symbole de l'avant-garde poétique et artistique.

Les dernières années

• Dès l'annonce de l'entrée en guerre de la France, Guillaume Apollinaire rejoint la ville de Nice, d'où il pense pouvoir être facilement mobilisé. Alors qu'il vient de rencontrer Lou et d'en tomber follement amoureux, il part à Nîmes faire ses classes d'artilleur – il écrira, plein d'humour, « *J'ai tant aimé les Arts que j'en suis artilleur* » (*Poèmes épistolaires*, « Artilleur », 1915). Il est envoyé au front en avril 1915, puis il est blessé à la tempe par un éclat d'obus le 17 mars 1916. Il est soigné par trépanation à son retour en France.

• Il publie ensuite un recueil de contes, *Le Poète assassiné*, et fait jouer *Les Mamelles de Tirésias*, une pièce dont la postérité sera importante et dans laquelle il invente le mot « surréalisme », présent dans le sous-titre de l'œuvre (« Drame surréaliste en deux actes et un prologue ») et défini dans sa préface. André Breton s'en souviendra dans son premier *Manifeste du Surréalisme*, en 1924. En mai 1918, après la publication de son recueil de poésie *Calligrammes*, il épouse Jacqueline Kolb. Elle sera le dernier amour du poète, qui, affaibli par sa blessure de guerre, meurt le 9 novembre 1918 de la grippe espagnole.

> *Apollinaire invente le mot « surréalisme ».*

Contexte historique & culturel

Une époque de bouleversements culturels et techniques

L'émergence de la technique moderne

- Le quotidien des Français a changé de manière incroyable depuis les années 1870, inaugurant la « Belle époque », une période marquée par une paix qui semble bien installée et des progrès techniques fulgurants. L'évolution des moyens de transports fait partie des progrès les plus spectaculaires : Blériot traverse la Manche en avion en 1909, Garros la méditerranée en 1913 ; la première ligne de métro parisienne est inaugurée en 1900, et les derniers autobus à chevaux disparaissent des rues parisiennes en 1913, modifiant grandement le spectacle habituel de la ville. Celui-ci se transforme particulièrement à Paris : la tour Eiffel est érigée en 1889 et lors de l'Exposition Universelle suivante, en 1900, l'éclairage électrique consacre Paris « Ville Lumière ».

> *La Belle époque est une période marquée par une paix qui semble bien installée et des progrès techniques fulgurants.*

- Les médias ne sont pas en reste, puisqu'à l'invention du phonographe en 1878 s'ajoute celle du cinéma en 1895, et qu'en 1903 est installé le poste de TSF à la tour Eiffel. Guillaume Apollinaire est fasciné par toutes ces évolutions technologiques, allant jusqu'à penser que le livre est condamné.

- Apollinaire est l'un des premiers artistes à faire enregistrer la lecture de poèmes, comme « Le pont Mirabeau », l'un des premiers également à s'intéresser de près à l'aventure cinématographique. Pour lui, « *celui qui projette un film joue aujourd'hui le rôle du jongleur d'autrefois* »[1] : Apollinaire voit dans la figure du réalisateur un nouveau poète épique, un conteur pour le peuple.

Le monde littéraire, des salons aux revues

- Le XIXe siècle littéraire s'est joué, comme les précédents, dans les salons parisiens tenus par des femmes qui favorisaient rencontres et émulations. Cette tradition se poursuit au début du XXe siècle, et le salon le plus célèbre est celui de Rachilde, la femme du directeur de la revue *Mercure de France*. Apollinaire s'y rend, parmi bien d'autres confrères, comme André Gide, Léon Daudet ou Stuart Merril.

[1]. Interview d'Apollinaire par Pierre Albert-Birot, publiée dans la revue *SIC*, 1916.

La vie littéraire se construit dans les cafés, restaurants, cabarets où poètes et artistes se rencontrent.

- La vie littéraire se construit au gré des réunions, et les cafés, restaurants, cabarets où poètes et artistes se rencontrent sont de véritables creusets de création. À Paris, le quartier Latin puis Montmartre et Montparnasse attirent ces artistes, au Lapin agile, au Bateau-Lavoir, à la Closerie des Lilas, puis au *Flore*.

- L'essor remarquable de la presse à la Belle époque favorise la naissance de très nombreuses revues littéraires, telles *La Plume*, la *Revue des Deux Mondes* et les deux revues dans lesquelles Apollinaire publie de nombreux textes : le *Mercure de France* et *La Revue blanche*, ou encore la célèbre *Nouvelle Revue Française*, fondée en 1909. Chacune d'entre elle a ses collaborateurs, sa ligne d'édition, son public, et la richesse de cet ensemble favorise une remarquable émulation intellectuelle.

La création poétique aux XIXᵉ et XXᵉ siècles

La poésie s'est vue transformer radicalement entre ces deux siècles.

Alfons Mucha (1860-1939), couverture de *La Plume*, 1898.

- Le XIXᵉ siècle s'ouvre sur le romantisme dont les thèmes prédominants, la perfection de la nature, l'exaltation du moi, les frustrations du « mal du siècle », les souffrances liées à la fuite du temps et à la nostalgie sont associés aux premières tentatives pour sortir des carcans conformistes des siècles précédents.

- En réaction, les poètes du Parnasse prônent la maîtrise exacte de la versification, dans un éloge du travail du poète à la recherche d'une esthétique très intellectualisée. Face à cette poésie qui, en privilégiant la forme au sens, est devenue stérile, les symbolistes, entre 1880 et 1910, reposent la question de la signification de l'écriture poétique. Ils affirment qu'elle doit décrypter le monde, ouvrir à une nouvelle dimension idéale, évoquer et non dire. Les symboles permettent ainsi de proposer des interprétations multiples tout en conservant un mystère entier.

- Dans les années 1905, enfin, apparaît chez les jeunes auteurs une volonté de concilier les apports du symbolisme et une indépendance totale. Ces poètes de la modernité se retrouvent dans une cité d'artistes

de Montmartre, le Bateau-Lavoir : Apollinaire, Alfred Jarry, Paul Fort, Max Jacob, tous côtoient les peintres cubistes et veulent faire l'expérience d'une imagination sans brides. On les appelle souvent les « poètes de l'avant-garde », et, dans les années 1920, les surréalistes les considéreront comme leurs précurseurs.

Les lettres et la peinture

- Dès les dernières années du XIXe siècle, les relations changent totalement entre peintres et écrivains. À l'image d'Émile Zola, critique d'art notable en même temps que romancier, de nombreux poètes et écrivains fréquentent assidument les artistes parisiens dans les cafés ou dans leurs ateliers.

- Les Fauves (ou fauvistes), qui mettent en avant l'usage pur et non figuratif de la couleur, sont les premiers peintres à attirer l'attention d'écrivains, comme Apollinaire qui a cotoyé deux d'entre eux, Derain et Vlaminck.

Pablo Picasso, *Portrait d'Apollinaire* en frontispice d'*Alcools*, 1913.

- À la suite des Fauves, les cubistes s'intéressent à la décomposition des objets ou des paysages, qu'ils représentent sous plusieurs facettes juxtaposées. Apollinaire écrit d'eux : « *Ces peintres, s'ils observent encore la nature, ne l'imitent plus et ils évitent avec soin la représentation de scènes naturelles observées et reconstituées par l'étude. La vraisemblance n'a plus aucune importance, car tout est sacrifié par l'artiste aux vérités* » (*Les Peintres cubistes*, 1913).

- Les poètes s'inspirent de ces nouvelles conceptions de la représentation dans leurs propres créations, en donnant une place centrale à l'image, à l'idée de la décomposition ou de la recomposition du texte poétique. On en voit l'aboutissement dans des œuvres comme les *Calligrammes* d'Apollinaire, où le poème devient dessin, ou encore dans *La Prose du Transsibérien* de Blaise Cendrars, qui joue sur une recomposition et une juxtaposition d'un récit aux multiples facettes.

> *Les poètes s'inspirent de ces nouvelles conceptions de la représentation en donnant une place centrale à l'idée de la décomposition ou de la recomposition du texte poétique.*

Alcools • 9

Repères chronologiques

L'auteur | Le contexte

- **1880** — Naissance de Guillaume Apollinaire
- **1901** — Séjour en Allemagne : rencontre avec Annie Playden, dont il tombe amoureux
- **1903** — Séjour à Londres, pour se réconcilier avec Annie
- **1904** — Retour à Londres. Rupture avec Annie
- **1905** — *Loi de séparation de l'Église et de l'État*
- **1907** — Rencontre avec Marie Laurencin | *Picasso, Les Demoiselles d'Avignon*
- **1909** — *Matisse, La Danse*
- **1910** — Annonce du recueil *Eau de vie*, futur *Alcools*
- **1911** — 7 septembre : incarcération d'Apollinaire à la prison de la Santé | *1re exposition de tableaux cubistes, au Salon des indépendants. Août : vol de La Joconde*
- **1912** — Marie Laurencin quitte Apollinaire | *Cendrars, Les Pâques à New York*
- **1913** — *Proust, Du côté de chez Swann*
- **1914** — Engagement dans l'armée | *28 juin : attentat de Sarajevo*
- *Première Guerre mondiale*
- **1916** — *février-décembre 1916 : bataille de Verdun*
- **1918** — 9 novembre : mort d'Apollinaire | *11 novembre : armistice*

Lire...

Alcools

Guillaume Apollinaire
1913

TEXTE INTÉGRAL

« *Un livre apporte au lecteur sa propre histoire.* »

Alberto Manguel

Zone

À la fin tu es las de ce monde ancien

Bergère ô tour Eiffel le troupeau des ponts bêle ce matin

Tu en as assez de vivre dans l'antiquité grecque et romaine

Ici même les automobiles ont l'air d'être anciennes
La religion seule est restée toute neuve la religion
Est restée simple comme les hangars de Port-Aviation

Seul en Europe tu n'es pas antique ô Christianisme
L'Européen le plus moderne c'est vous Pape Pie X[1]
Et toi que les fenêtres observent la honte te retient
D'entrer dans une église et de t'y confesser ce matin
Tu lis les prospectus les catalogues les affiches qui chantent tout haut
Voilà la poésie ce matin et pour la prose il y a les journaux
Il y a les livraisons à 25 centimes pleines d'aventures policières
Portraits des grands hommes et mille titres divers

J'ai vu ce matin une jolie rue dont j'ai oublié le nom
Neuve et propre du soleil elle était le clairon
Les directeurs les ouvriers et les belles sténo-dactylographes
Du lundi matin au samedi soir quatre fois par jour y passent
Le matin par trois fois la sirène y gémit
Une cloche rageuse y aboie vers midi
Les inscriptions des enseignes et des murailles
Les plaques les avis à la façon des perroquets criaillent

1. Pape de 1903 à 1914. Il donna sa bénédiction, en 1911, au vainqueur de la course Paris-Rome qui prit son départ à Port-Aviation.

Port-Aviation

Situé dans l'actuel département de l'Essonne et inauguré en 1909, Port-Aviation est le premier aérodrome du monde. Son évocation dès le premier poème vient inscrire le recueil sous le signe du monde contemporain et de la modernité technique.

Zone

J'aime la grâce de cette rue industrielle
Située à Paris entre la rue Aumont-Thiéville et l'avenue des
 Ternes

Voilà la jeune rue et tu n'es encore qu'un petit enfant
Ta mère ne t'habille que de bleu et de blanc[2]
Tu es très pieux et avec le plus ancien de tes camarades
 René Dalize[3]
Vous n'aimez rien tant que les pompes de l'Église
Il est neuf heures le gaz est baissé tout bleu vous sortez du
 dortoir en cachette
Vous priez toute la nuit dans la chapelle du collège
Tandis qu'éternelle et adorable profondeur améthyste
Tourne à jamais la flamboyante gloire du Christ
C'est le beau lys que tous nous cultivons
C'est la torche aux cheveux roux que n'éteint pas le vent[4]
C'est le fils pâle et vermeil de la douloureuse mère
C'est l'arbre toujours touffu de toutes les prières[5]
C'est la double potence de l'honneur et de l'éternité
C'est l'étoile à six branches
C'est Dieu qui meurt le vendredi et ressuscite le dimanche
C'est le Christ qui monte au ciel mieux que les aviateurs
Il détient le record du monde pour la hauteur

Pupille Christ de l'œil
Vingtième pupille des siècles il sait y faire
Et changé en oiseau ce siècle comme Jésus monte dans l'air
Les diables dans les abîmes lèvent la tête pour le regarder
Ils disent qu'il imite Simon Mage[6] en Judée
Ils crient s'il sait voler qu'on l'appelle voleur

2. Le bleu et le blanc sont les couleurs de la Vierge Marie dans l'iconographie religieuse catholique.
3. Pseudonyme de René Dupuy, camarade de collège d'Apollinaire, dont il est resté très proche jusqu'à sa mort en 1917.
4. Apollinaire évoque ici Jésus Christ, parfois peint avec des cheveux roux qui symbolisent les persécutions qu'il a subies.
5. Certains textes religieux comparent la croix de la religion catholique à un arbre.
6. Magicien du I[er] siècle qui aurait attiré les foules en s'envolant dans les airs.

Zone

Les anges voltigent autour du joli voltigeur
Icare Enoch Élie Apollonius de Thyane[1]
Flottent autour du premier aéroplane
Ils s'écartent parfois pour laisser passer ceux que transporte la Sainte-Eucharistie[2]
Ces prêtres qui montent éternellement élevant l'hostie
L'avion se pose enfin sans refermer les ailes
Le ciel s'emplit alors de millions d'hirondelles
À tire-d'aile viennent les corbeaux les faucons les hiboux
D'Afrique arrivent les ibis les flamants les marabouts
L'oiseau Roc célébré par les conteurs et les poètes
Plane tenant dans les serres le crâne d'Adam la première tête
L'aigle fond de l'horizon en poussant un grand cri
Et d'Amérique vient le petit colibri
De Chine sont venus les pihis longs et souples
Qui n'ont qu'une seule aile et qui volent par couples
Puis voici la colombe esprit immaculé
Qu'escortent l'oiseau-lyre et le paon ocellé[3]
Le phénix ce bûcher qui soi-même s'engendre
Un instant voile tout de son ardente cendre
Les sirènes laissant les périlleux détroits
Arrivent en chantant bellement toutes trois
Et tous aigle phénix et pihis de la Chine
Fraternisent avec la volante machine

Maintenant tu marches dans Paris tout seul parmi la foule
Des troupeaux d'autobus mugissants près de toi roulent
L'angoisse de l'amour te serre le gosier

1. Les quatre personnages cités dans ce vers, un héros mythologique, deux figures bibliques et un philosophe de l'Antiquité, sont célèbres pour s'être envolés.
2. Également appelée « communion », elle consiste dans le partage du pain et du vin lors des messes catholiques.
3. L'ocelle est une tache circulaire évoquant un œil, présente sur le plumage ou le pelage de divers animaux.

Les oiseaux fabuleux

Apollinaire cite des oiseaux issus de différentes mythologies : le roc, gigantesque oiseau à la force colossale des mythes perses et arabes ; le phénix, qui renaît de ses cendres ; le pihi, oiseau des légendes chinoises ; les sirènes, créatures mi-femmes mi-oiseaux qui séduisent les marins par leurs chants pour causer leur naufrage.

Zone

Comme si tu ne devais jamais plus être aimé
Si tu vivais dans l'ancien temps tu entrerais dans un monastère
Vous avez honte quand vous vous surprenez à dire une prière
Tu te moques de toi et comme le feu de l'Enfer ton rire pétille
Les étincelles de ton rire dorent le fond de ta vie
C'est un tableau pendu dans un sombre musée
Et quelquefois tu vas le regarder de près

Aujourd'hui tu marches dans Paris les femmes sont ensanglantées
C'était et je voudrais ne pas m'en souvenir c'était au déclin
 de la beauté

Entourée de flammes ferventes Notre-Dame m'a regardé
 à Chartres
Le sang de votre Sacré-Cœur m'a inondé à Montmartre
Je suis malade d'ouïr[4] les paroles bienheureuses
L'amour dont je souffre est une maladie honteuse
Et l'image qui te possède te fait survivre dans l'insomnie
 et dans l'angoisse
C'est toujours près de toi cette image qui passe

Maintenant tu es au bord de la Méditerranée
Sous les citronniers qui sont en fleur toute l'année
Avec tes amis tu te promènes en barque
L'un est Nissard il y a un Mentonasque et deux Turbiasques[5]
Nous regardons avec effroi les poulpes des profondeurs
Et parmi les algues nagent les poissons images du Sauveur[6]

Tu es dans le jardin d'une auberge aux environs de Prague
Tu te sens tout heureux une rose est sur la table

4. Entendre. Verbe aujourd'hui vieilli.
5. Respectivement, originaires de Nice, Menton et de La Turbie, trois villes de la Côte d'Azur.
6. Le poisson était le symbole du Christ utilisé par les premiers chrétiens.

Les villes d'Apollinaire

« Zone » évoque les différents voyages d'Apollinaire. Les villes citées sont toutes connues du poète. Il a vécu dans certaines, comme Paris ou Auteuil, et visité les autres, parfois à de nombreuses reprises. C'est le cas des villes de Hollande où il s'est rendu trois fois entre 1905 et 1908.

Zone

 Et tu observes au lieu d'écrire ton conte en prose
 La cétoine[1] qui dort dans le cœur de la rose

 Épouvanté tu te vois dessiné dans les agates de Saint-Vit[2]
100 Tu étais triste à mourir le jour où tu t'y vis
 Tu ressembles au Lazare[3] affolé par le jour
 Les aiguilles de l'horloge du quartier juif vont à rebours
 Et tu recules aussi dans ta vie lentement
 En montant au Hradchin[4] et le soir en écoutant
 Dans les tavernes chanter des chansons tchèques

 Te voici à Marseille au milieu des pastèques

 Te voici à Coblence à l'hôtel du Géant

 Te voici à Rome assis sous un néflier du Japon

 Te voici à Amsterdam avec une jeune fille que tu trouves belle et qui est laide
110 Elle doit se marier avec un étudiant de Leyde
 On y loue des chambres en latin Cubicula locanda
 Je m'en souviens j'y ai passé trois jours et autant à Gouda

 Tu es à Paris chez le juge d'instruction
 Comme un criminel on te met en état d'arrestation[5]
 Tu as fait de douloureux et de joyeux voyages
 Avant de t'apercevoir du mensonge et de l'âge
 Tu as souffert de l'amour à vingt et à trente ans
 J'ai vécu comme un fou et j'ai perdu mon temps
 Tu n'oses plus regarder tes mains et à tous moments je voudrais sangloter

1. Insecte dit aussi « hanneton des roses ».
2. Cathédrale de Prague.
3. Mort que le Christ ressuscite dans le *Nouveau Testament*.
4. Quartier de Prague situé sur une colline.
5. Voir « À la Santé », p. 113, où Apollinaire revient sur ce court séjour en prison.

Sur toi sur celle que j'aime sur tout ce qui t'a épouvanté

Tu regardes les yeux pleins de larmes ces pauvres émigrants
Ils croient en Dieu ils prient les femmes allaitent des enfants
Ils emplissent de leur odeur le hall de la gare Saint-Lazare
Ils ont foi dans leur étoile comme les rois-mages
Ils espèrent gagner de l'argent dans l'Argentine
Et revenir dans leur pays après avoir fait fortune
Une famille transporte un édredon rouge comme vous
 transportez votre cœur
Cet édredon et nos rêves sont aussi irréels
Quelques-uns de ces émigrants restent ici et se logent
Rue des Rosiers ou rue des Écouffes dans des bouges[6]
Je les ai vus souvent le soir ils prennent l'air dans la rue
Et se déplacent rarement comme les pièces aux échecs
Il y a surtout des Juifs leurs femmes portent perruque
Elles restent assises exsangues au fond des boutiques

Tu es debout devant le zinc[7] d'un bar crapuleux
Tu prends un café à deux sous parmi les malheureux
Tu es la nuit dans un grand restaurant

Ces femmes ne sont pas méchantes elles ont des soucis
 cependant
Toutes même la plus laide a fait souffrir son amant
Elle est la fille d'un sergent de ville de Jersey

Ses mains que je n'avais pas vues sont dures et gercées
J'ai une pitié immense pour les coutures de son ventre

J'humilie maintenant à une pauvre fille au rire horrible
 ma bouche

6. Chambres d'hôtel misérables, fréquentées par les gens les plus pauvres.
7. Désigne par métonymie le comptoir d'un bar, autrefois fait de ce métal.

Le pont Mirabeau

Tu es seul le matin va venir
Les laitiers font tinter leurs bidons dans les rues

La nuit s'éloigne ainsi qu'une belle Métive[1]
C'est Ferdine la fausse ou Léa l'attentive[2]
Et tu bois cet alcool brûlant comme ta vie
Ta vie que tu bois comme une eau-de-vie[3]

150 Tu marches vers Auteuil tu veux aller chez toi à pied
Dormir parmi tes fétiches d'Océanie et de Guinée
Ils sont des Christ d'une autre forme et d'une autre croyance
Ce sont les Christ inférieurs des obscures espérances

Adieu Adieu

Soleil cou coupé

Le pont Mirabeau

Sous le pont Mirabeau coule la Seine
 Et nos amours
 Faut-il qu'il m'en souvienne
La joie venait toujours après la peine

 Vienne la nuit sonne l'heure
 Les jours s'en vont je demeure

Les mains dans les mains restons face à face
 Tandis que sous
 Le pont de nos bras passe
10 Des éternels regards l'onde si lasse

1. Terme vieilli pour métisse.
2. Par ce néologisme, Apollinaire désigne une prostituée qui attend ses clients.
3. Boisson fortement alcoolisée obtenue par distillation du vin.

Le pont Mirabeau

 Vienne la nuit sonne l'heure
 Les jours s'en vont je demeure

L'amour s'en va comme cette eau courante
 L'amour s'en va
 Comme la vie est lente
Et comme l'Espérance[4] est violente

 Vienne la nuit sonne l'heure
 Les jours s'en vont je demeure

Passent les jours et passent les semaines
 Ni temps passé
 Ni les amours reviennent
Sous le pont Mirabeau coule la Seine

 Vienne la nuit sonne l'heure
 Les jours s'en vont je demeure

Dessin de Louis Marcoussis (1883-1941) pour « Le pont Mirabeau », *Alcools*, BnF, Paris.

4. La majuscule à « Espérance » peut ici évoquer, en plus du sens propre du terme, la vertu théologale par laquelle les chrétiens ont une confiance absolue en Dieu et en la gloire promise dans l'autre monde.

La Chanson du Mal-Aimé

À Paul Léautaud[1].

Et je chantais cette romance
En 1903 sans savoir
Que mon amour à la semblance
Du beau Phénix s'il meurt un soir
Le matin voit sa renaissance[2].

Un soir de demi-brume à Londres
Un voyou qui ressemblait à
Mon amour vint à ma rencontre
Et le regard qu'il me jeta
10 *Me fit baisser les yeux de honte*

Je suivis ce mauvais garçon
Qui sifflotait mains dans les poches
Nous semblions entre les maisons
Onde ouverte de la mer Rouge
Lui les Hébreux moi Pharaon[3]

Que tombent ces vagues de briques
Si tu ne fus pas bien aimée
Je suis le souverain d'Égypte

1. Secrétaire de rédaction du *Mercure de France*, où ce poème de 300 vers paraît en 1909.
2. À l'échec amoureux avec Annie Playden succède la relation avec Marie Laurencin, qu'il rencontre en 1907. Ces vers placés en exergue sont postérieurs à l'écriture du poème.
3. Allusion à la traversée de la mer Rouge par les Hébreux poursuivis par Pharaon et son armée.

La chanson

Apollinaire s'inscrit par ce titre dans une tradition poétique multiple. La chanson, poème de forme fixe, connaît un grand succès au Moyen Âge où elle est accompagnée de musique, puis chez François Villon au XV[e] siècle et Clément Marot au XVI[e] siècle. On la retrouve ensuite au XIX[e] siècle chez Hugo (*Chansons des rues et des bois*) ou Verlaine (*La Bonne Chanson*) qu'admire Apollinaire. Elle se caractérise par une volonté de simplicité et peut se teinter de mélancolie, comme chez Verlaine.

La Chanson du Mal-Aimé

Sa sœur-épouse son armée
Si tu n'es pas l'amour unique

Au tournant d'une rue brûlant
De tous les feux de ses façades
Plaies du brouillard sanguinolent
Où se lamentaient les façades
Une femme lui ressemblant

C'était son regard d'inhumaine
La cicatrice à son cou nu
Sortit saoule d'une taverne
Au moment où je reconnus
La fausseté de l'amour même

Lorsqu'il fut de retour enfin
Dans sa patrie le sage Ulysse
Son vieux chien de lui se souvint
Près d'un tapis de haute lisse[4]
Sa femme attendait qu'il revînt
L'époux royal de Sacontale[5]

Las de vaincre se réjouit
Quand il la retrouva plus pâle
D'attente et d'amour yeux pâlis
Caressant sa gazelle mâle

J'ai pensé à ces rois heureux
Lorsque le faux amour et celle

4. La « lisse » désigne le fil de trame sur un métier à tisser, ce qui fait de ce vers un anachronisme.
5. Dans ce drame hindou, Sacontale, répudiée par son mari, reconquiert son amour en lui vouant une fidélité absolue.

Ithaque

À la fin de l'*Odyssée*, Ulysse retrouve, après un périple de dix années sur les mers, son royaume, l'île Ithaque. Par prudence, il s'est déguisé en mendiant. C'est Argos, son vieux chien, qui le reconnaît en premier. Pénélope, son épouse, a, quant à elle, promis de se remarier lorsqu'elle aurait achevé de tisser une toile, mais pour échapper à ses prétendants, elle défait la nuit ce qu'elle a tissé le jour.

La Chanson du Mal-Aimé

Dont je suis encore amoureux
Heurtant leurs ombres infidèles
Me rendirent si malheureux

Regrets sur quoi l'enfer se fonde
Qu'un ciel d'oubli s'ouvre à mes vœux
Pour son baiser les rois du monde
Seraient morts les pauvres fameux
Pour elle eussent vendu leur ombre

J'ai hiverné dans mon passé
Revienne le soleil de Pâques
Pour chauffer un cœur plus glacé
Que les quarante de Sébaste[1]
Moins que ma vie martyrisés

Mon beau navire ô ma mémoire
Avons-nous assez navigué
Dans une onde mauvaise à boire
Avons-nous assez divagué
De la belle aube au triste soir

Adieu faux amour confondu
Avec la femme qui s'éloigne
Avec celle que j'ai perdue
L'année dernière en Allemagne[2]
Et que je ne reverrai plus

Voie lactée ô sœur lumineuse
Des blancs ruisseaux de Chanaan[3]
Et des corps blancs des amoureuses

1. Martyres chrétiens condamnés à passer la nuit nus sur un étang glacé à Sébaste, en Arménie.
2. Référence à Annie Playden.

3. Apollinaire tisse un lien entre la mythologie grecque, où la voie lactée a pour origine le lait maternel de Junon, et la Bible, qui décrit Chanaan comme une terre promise où coulent des ruisseaux de lait et de miel.

La Chanson du Mal-Aimé

Nageurs morts suivrons-nous d'ahan[4]
Ton cours vers d'autres nébuleuses

*Je me souviens d'une autre année
C'était l'aube d'un jour d'avril
J'ai chanté ma joie bien-aimée
Chanté l'amour à voix virile
Au moment d'amour de l'année*

Aubade chantée à Lætare un an passé[5]

C'est le printemps viens-t'en Pâquette
Te promener au bois joli
Les poules dans la cour caquètent
L'aube au ciel fait de roses plis
L'amour chemine à ta conquête

Mars et Vénus[6] sont revenus
Ils s'embrassent à bouches folles
Devant des sites ingénus
Où sous les roses qui feuillolent[7]
De beaux dieux roses dansent nus

Viens ma tendresse est la régente
De la floraison qui paraît
La nature est belle et touchante
Pan[8] sifflote dans la forêt
Les grenouilles humides chantent

4. Avec peine.
5. Une aubade est un air chanté ou joué sous les fenêtres de la personne que l'on souhaite célébrer. *Lætare*, « Réjouis-toi » en latin, est le premier mot d'un chant d'allégresse chrétien qui annonce une pause au milieu de la pénitence.
6. Déesse de l'amour et dieu de la guerre, aux amours tumultueuses.
7. Se garnissent de feuilles (archaïsme).
8. Divinité de la Nature dans la mythologie grecque, symbole de force et de vigueur.

La Chanson du Mal-Aimé

« Beaucoup de ces dieux ont péri... »

Beaucoup de ces dieux ont péri
C'est sur eux que pleurent les saules
Le grand Pan l'amour Jésus-Christ
Sont bien morts et les chats miaulent
Dans la cour je pleure à Paris

Moi qui sais des lais[1] pour les reines
Les complaintes de mes années
Des hymnes d'esclave aux murènes[2]
La romance du mal aimé
Et des chansons pour les sirènes

L'amour est mort j'en suis tremblant
J'adore de belles idoles
Les souvenirs lui ressemblant
Comme la femme de Mausole[3]
Je reste fidèle et dolent

Je suis fidèle comme un dogue
Au maître le lierre au tronc
Et les Cosaques Zaporogues[4]
Ivrognes pieux et larrons[5]
Aux steppes et au décalogue

1. Poèmes médiévaux à formes fixes, narratifs ou lyriques.
2. Longs poissons voraces de la famille des anguilles. Le romain Védius Pollion les nourrissait avec la chair humaine de ses esclaves.
3. À la mort de Mausole, sa femme lui fit édifier un tombeau que les Anciens considéraient comme l'une des sept merveilles du monde.
4. Ethnie du duché de Kiev (Ukraine).
5. Voleurs.

Les références à la Russie

Le poète se compare dans ces strophes aux cosaques, des chrétiens d'Ukraine refusant l'alliance avec le sultan de Constantinople au XVIIIe siècle. Les steppes désignent les vastes plaines russes, le décalogue est l'ensemble des dix commandements de Moïse sur lesquels se fonde l'orthodoxie chrétienne, et le Croissant désigne en même temps le symbole de Constantinople et le croissant de lune.

La Chanson du Ma...

Portez comme un joug le Croissant
Qu'interrogent les astrologues
Je suis le Sultan tout-puissant
Ô mes Cosaques Zaporogues
Votre Seigneur éblouissant

Devenez mes sujets fidèles
Leur avait écrit le Sultan
Ils rirent à cette nouvelle
Et répondirent à l'instant
À la lueur d'une chandelle

Réponse des Cosaques Zaporogues au Sultan de Constantinople

Plus criminel que Barrabas[6]
Cornu comme les mauvais anges
Quel Belzébuth[7] es-tu là-bas
Nourri d'immondice et de fange
Nous n'irons pas à tes sabbats[8]

Poisson pourri de Salonique[9]
Long collier des sommeils affreux
D'yeux arrachés à coup de pique
Ta mère fit un pet foireux
Et tu naquis de sa colique

Bourreau de Podolie[10] Amant
Des plaies des ulcères des croûtes
Groin de cochon cul de jument
Tes richesses garde-les toutes
Pour payer tes médicaments

6. Ce criminel fut gracié par Ponce Pilate sur demande du peuple, alors que le Christ resta condamné.
7. Autre nom du Diable.
8. Assemblée de sorciers et de sorcières réunis pour rendre un culte au diable.
9. Ville de Macédoine, dominée par les Turcs entre 1430 et 1913.
10. Région d'Ukraine.

La Chanson du Mal-Aimé

« Voie lactée (1) »

Voie lactée ô sœur lumineuse
Des blancs ruisseaux de Chanaan
Et des corps blancs des amoureuses
Nageurs morts suivrons nous d'ahan
Ton cours vers d'autres nébuleuses

Regret des yeux de la putain
Et belle comme une panthère
Amour vos baisers florentins[1]
Avaient une saveur amère
Qui a rebuté[2] *nos destins*

Ses regards laissaient une traîne
D'étoiles dans les soirs tremblants
Dans ses yeux nageaient les sirènes
Et nos baisers mordus sanglants
Faisaient pleurer nos fées marraines

Mais en vérité je l'attends
Avec mon cœur avec mon âme
Et sur le pont des Reviens-t'en
Si jamais revient cette femme
Je lui dirai Je suis content

Mon cœur et ma tête se vident
Tout le ciel s'écoule par eux
Ô mes tonneaux des Danaïdes[3]
Comment faire pour être heureux
Comme un petit enfant candide
Je ne veux jamais l'oublier
Ma colombe ma blanche rade

1. Baisers linguaux.
2. Lassé, dégoûté.
3. Dans la mythologie grecque, supplice de cinquante sœurs condamnées à remplir éternellement un tonneau sans fond.

La Chanson du Mal-Aimé

Ô marguerite exfoliée[4]
Mon île au loin ma Désirade[5]
Ma rose mon giroflier

Les satyres et les pyraustes
Les égypans les feux follets
Et les destins damnés ou faustes[6]
La corde au cou comme à Calais[7]
Sur ma douleur quel holocauste

Douleur qui doubles les destins
La licorne et le capricorne
Mon âme et mon corps incertains
Te fuient ô bûcher divin qu'ornent
Des astres des fleurs du matin

Malheur dieu pâle aux yeux d'ivoire
Tes prêtres fous t'ont-ils paré
Tes victimes en robe noire
Ont-elles vainement pleuré
Malheur dieu qu'il ne faut pas croire

Et toi qui me suis en rampant
Dieu de mes dieux morts en automne
Tu mesures combien d'empans[8]
J'ai droit que la terre me donne
Ô mon ombre ô mon vieux serpent

4. Dépouillée de ses feuilles ou de ses pétales.
5. Petite île des Antilles françaises.
6. Bienheureux.
7. Allusion aux six bourgeois de Calais livrés en otages aux Anglais pour sauver leur ville en 1347.
8. Mesure de longueur qui représentait l'intervalle maximal entre le pouce et l'auriculaire.

Les êtres fabuleux

À partir du vers 166, le poète énumère de nombreuses figures mythologiques liées au feu et au bouc. Le satyre du cortège de Dionysos est une divinité mi-homme, mi-bouc, à l'instar des Égypans, divinités champêtres. Les pyraustes sont des insectes nocturnes engendrés ou attirés par le feu, qui les lie aux feux follets, esprits malins à la forme de flamme. Licorne et capricorne suivent, deux animaux légendaires aux cornes bien spécifiques.

La Chanson du Mal-Aimé

Au soleil parce que tu l'aimes
Je t'ai menée souviens-t'en bien
Ténébreuse épouse que j'aime
Tu es à moi en n'étant rien
Ô mon ombre en deuil de moi-même

L'hiver est mort tout enneigé
On a brûlé les ruches blanches
Dans les jardins et les vergers
Les oiseaux chantent sur les branches
Le printemps clair l'avril léger

Mort d'immortels argyraspides[1]
La neige aux boucliers d'argent
Fuit les dendrophores[2] livides
Du printemps cher aux pauvres gens
Qui resourient les yeux humides

Et moi j'ai le cœur aussi gros
Qu'un cul de dame damascène[3]
Ô mon amour je t'aimais trop
Et maintenant j'ai trop de peine
Les sept épées hors du fourreau

Sept épées de mélancolie
Sans morfil[4] ô claires douleurs
Sont dans mon cœur et la folie
Veut raisonner pour mon malheur
Comment voulez-vous que j'oublie

1. Fantassins d'élite d'Alexandre le Grand, armés d'un bouclier d'argent.
2. Officiants chargés de porter le pin sacré pendant les cérémonies en l'honneur de Cybèle, déesse de la Nature.
3. Habitant de Damas.
4. Excédents d'acier qui restent au tranchant de la lame fraîchement affûtée.

La Chanson du Mal-Aimé

Les sept épées

La première est toute d'argent
Et son nom tremblant c'est Pâline
Sa lame un ciel d'hiver neigeant
Son destin sanglant gibeline[5]
Vulcain mourut en la forgeant

La seconde nommée Noubosse
Est un bel arc-en-ciel joyeux
Les dieux s'en servent à leurs noces
Elle a tué trente Bé-Rieux
Et fut douée par Carabosse

La troisième bleu féminin
N'en est pas moins un chibriape
Appelé Lul de Faltenin
Et que porte sur une nappe
L'Hermès[6] Ernest devenu nain

La quatrième Malourène
Est un fleuve vert et doré
C'est le soir quand les riveraines
Y baignent leurs corps adorés
Et des chants de rameurs s'y traînent

5. Mot formé d'après le mont Gibel, autre nom de l'Etna. Le dieu forgeron Vulcain y forge les épées des dieux et des héros.
6. Hermès Trismégiste, le « trois fois grand », est le messager des dieux dans l'Olympe antique, le guide des voyageurs et des voleurs.

Les mots inventés

On nomme néologisme un mot inventé, comme ici *Bé-Rieux, Malourène, Saint-Fabeau, Noubosse*. Un néologisme peut également être forgé à partir de deux mots existants, c'est ce que l'on appelle un mot-valise, comme *chibriape*, formé d'après *chibre* et *priape*, qui désignent tous deux le sexe masculin.

La Chanson du Mal-Aimé

La cinquième Sainte-Fabeau
C'est la plus belle des quenouilles[1]
C'est un cyprès sur un tombeau
Où les quatre vents s'agenouillent
Et chaque nuit c'est un flambeau

La sixième métal de gloire
C'est l'ami aux si douces mains
Dont chaque matin nous sépare
Adieu voilà votre chemin
240 Les coqs s'épuisaient en fanfares

Et la septième s'exténue
Une femme une rose morte
Merci que le dernier venu
Sur mon amour ferme la porte
Je ne vous ai jamais connue

«Voie lactée (2)»

Voie lactée ô sœur lumineuse
Des blancs ruisseaux de Chanaan
Et des corps blancs des amoureuses
Nageurs morts suivrons-nous d'ahan
250 *Ton cours vers d'autres nébuleuses*

1. Bâtons qui servaient autrefois à filer la laine.

Les sept épées

Le titre et le poème évoquent le culte de « Notre-Dame-de-douleurs », qui représente les sept douleurs de la Vierge par l'image de son cœur percé de sept épées. Les sept quintils de ce poème représentent chacun une épée. Seul le premier décrit une véritable épée, le poète décrivant ensuite un arc en ciel, un chipriape, un fleuve, une quenouille, un ami puis une femme.

La Chanson du Mal-Aimé

Les démons du hasard selon
Le chant du firmament[2] nous mènent
À sons perdus leurs violons
Font danser notre race humaine
Sur la descente à reculons

Destins destins impénétrables
Rois secoués par la folie
Et ces grelottantes étoiles
De fausses femmes dans vos lits
Aux déserts que l'histoire accable

Luitpold[3] le vieux prince régent
Tuteur de deux royautés folles
Sanglote-t-il en y songeant
Quand vacillent les lucioles[4]
Mouches dorées de la Saint-Jean

Près d'un château sans châtelaine
La barque aux barcarols[5] chantants
Sur un lac blanc et sous l'haleine
Des vents qui tremblent au printemps
Voguait cygne mourant sirène

Un jour le roi[6] dans l'eau d'argent
Se noya puis la bouche ouverte
Il s'en revint en surnageant
Sur la rive dormir inerte
Face tournée au ciel changeant[7]

2. Voûte céleste, connotation biblique ou poétique.
3. Prince régent de Bavière de 1886 à 1912, ses neveux, Louis II de Bavière puis Othon, étant inaptes à régner.
4. Petits insectes qui luisent dans le noir.
5. Gondoliers.
6. Louis II de Bavière, interné pour folie, se noya dans un lac.
7. Cette représentation du roi rappelle celle de la mort d'Ophélie, personnage de *Hamlet* de Shakespeare (voir tableau p. 143).

La Chanson du Mal-Aimé

Juin ton soleil ardente lyre
Brûle mes doigts endoloris
Triste et mélodieux délire
J'erre à travers mon beau Paris
Sans avoir le cœur d'y mourir

Les dimanches s'y éternisent
Et les orgues de Barbarie
Y sanglotent dans les cours grises
Les fleurs aux balcons de Paris
Penchent comme la tour de Pise

Soirs de Paris ivres du gin[1]
Flambant de l'électricité
Les tramways feux verts sur l'échine
Musiquent au long des portées
De rails leur folie de machines

Les cafés gonflés de fumée
Crient tout l'amour de leurs tziganes
De tous leurs siphons enrhumés
De leurs garçons vêtus d'un pagne[2]
Vers toi toi que j'ai tant aimée

Moi qui sais des lais pour les reines
Les complaintes de mes années
Des hymnes d'esclave aux murènes
La romance du mal aimé
Et des chansons pour les sirènes

[1]. Liqueur obtenue avec des baies de genévrier.
[2]. Le pagne désigne ici le tablier des garçons de café.

Les colchiques

Le pré est vénéneux mais joli en automne
Les vaches y paissant
Lentement s'empoisonnent
Le colchique[3] couleur de cerne[4] et de lilas
Y fleurit tes yeux sont comme cette fleur-là
Violâtres comme leur cerne et comme cet automne
Et ma vie pour tes yeux lentement s'empoisonne

Les enfants de l'école viennent avec fracas
Vêtus de hoquetons[5] et jouant de l'harmonica
Ils cueillent les colchiques qui sont comme des mères
Filles de leurs filles[6] et sont couleur de tes paupières

Qui battent comme les fleurs battent au vent dément

Le gardien du troupeau chante tout doucement
Tandis que lentes et meuglant les vaches abandonnent
Pour toujours ce grand pré mal fleuri par l'automne

Dessin de Louis Marcoussis
pour « Les colchiques ».

3. Plante bulbeuse, souvent de couleur mauve, qui contient un poison violent.
4. Cercle violacé qui entoure les yeux fatigués.
5. Habits faits d'une toile grossière, portés par les paysans.
6. En Allemand, on appelle la colchique « Sohn von dem Vater », « fils du père », parce qu'à l'inverse des autres fruits, elle fleurit en automne pour produire ses fruits au printemps.

Alcools

Explication de texte

« Les colchiques », → p. 33

Une églogue aux tonalités élégiaques ?

SITUER

1. Qu'appelle-t-on une églogue ? Faites une recherche.
2. Que sont les « colchiques » ? Cherchez-en une description et une photographie.
3. Observez la structure du texte. Pourquoi peut-on ici parler de « tableaux » dans chaque strophe* ? Donnez un titre à chacune.

EXPLIQUER

Un tableau champêtre faussement paisible → v. 1 à 7

4. Quel effet provoque la présence des vaches dans un poème ? Comment sont-elles décrites, dans cette strophe et dans les suivantes ?
5. Les colchiques sont décrits de manière réaliste et symbolique. Quels sont les deux sens donnés à leur couleur violette par Apollinaire ? Quel est le rôle des nombreuses comparaisons* de cette strophe ?
6. Relevez les éléments qui donnent à cette première strophe une tonalité inquiétante. Vous observerez pour cela le lexique ainsi que les procédés qui créent une sensation d'enfermement.

L'irruption de la vie → v. 8 à 12

7. Pourquoi la mention des « *enfants de l'école* » est-elle cohérente avec la saison évoquée ? Quelles connotations sont traditionnellement associées à cette saison ?
8. Par quels procédés le poète rend-il particulièrement vivante cette irruption des enfants dans le champ ? En quoi ces enfants s'opposent-ils aux autres personnages du poème ?
9. Quels nouveaux liens les vers 11 et 12 tracent-ils entre la fleur et la femme ? Observez et interprétez le jeu des sonorités dans ces vers.

L'écoulement du temps ⟶ v. 13 à 15

10 Relevez les termes qui évoquent le temps dans cette strophe, et reliez-les aux autres indices temporels présents dans le poème entier. Quelles assonances* accentuent le passage du temps ?

11 Le gardien « *chante* », les vaches meuglent, les enfants jouent « *de l'harmonica* ». Comment pouvez-vous relier cela au registre lyrique (aidez-vous du parcours associé, p. 144) ? Peut-on parler ici d'un lyrisme moderne ?

CONCLURE

12 La dernière strophe annonce la fuite, le départ « *pour toujours* ». Qui s'éloigne dans ce poème ? Quelles sont donc les fonctions de l'écriture poétique pour Apollinaire ?

ÉTUDE DE LA LANGUE

- Vers 10 à 12 : vous étudierez la construction des propositions relatives dans ces trois vers.

ENQUÊTER

- Le thème des colchiques a été repris plus tard dans une chanson populaire. Quelle est cette chanson ? Écoutez-la. Y retrouve-t-on les thèmes développés autour de cette fleur par Apollinaire ?

Palais

À Max Jacob[1].

Vers le palais[2] de Rosemonde[3] au fond du Rêve
Mes rêveuses pensées pieds nus vont en soirée
Le palais don du roi comme un roi nu s'élève
Des chairs fouettées des roses de la roseraie

On voit venir au fond du jardin mes pensées
Qui sourient du concert joué par les grenouilles
Elles ont envie des cyprès grandes quenouilles
Et le soleil miroir des roses s'est brisé

Le stigmate[4] sanglant des mains contre les vitres
10 Quel archet mal blessé du couchant le troua
La résine qui rend amer le vin de Chypre
Ma bouche aux agapes[5] d'agneau blanc l'éprouva

Sur les genoux pointus du monarque adultère
Sur le mai de son âge et sur son trente et un
Madame Rosemonde roule avec mystère
Ses petits yeux tout ronds pareils aux yeux des Huns[6]

1. Écrivain (1876-1944), ami d'Apollinaire et de Picasso. Il publie *Le Cornet à dés* en 1916, un recueil de poèmes en prose.
2. Jeu sur le double sens : cavité buccale et château.
3. La Belle Rosemonde fut la maîtresse préférée du roi d'Angleterre Henri II, au XII[e] siècle. Il lui construisit un palais fabuleux pour la mettre à l'abri des vengeances de la reine. Voir aussi l'encart p. 86.
4. Cicatrice. Le terme fait souvent référence aux marques laissées sur le corps du Christ lors de la Crucifixion sur les mains, les pieds et le flanc.
5. Repas à caractère religieux, ou grands festins.
6. Les grandes invasions barbares du IV[e] au V[e] siècles furent causées en particulier par ce peuple nomade originaire d'Eurasie.

Palais

Dame de mes pensées au cul de perle fine
Dont ni perle ni cul n'égale l'orient[7]
Qui donc attendez-vous
De rêveuses pensées en marche à l'Orient
Mes plus belles voisines

Toc toc Entrez dans l'antichambre le jour baisse
La veilleuse dans l'ombre est un bijou d'or cuit
Pendez vos têtes aux patères par les tresses
Le ciel presque nocturne a des lueurs d'aiguilles

On entra dans la salle à manger les narines
Reniflaient une odeur de graisse et de graillon
On eut vingt potages dont trois couleurs d'urine
Et le roi prit deux œufs pochés dans du bouillon

Puis les marmitons apportèrent les viandes
Des rôtis de pensées mortes dans mon cerveau
Mes beaux rêves mort-nés en tranches bien saignantes
Et mes souvenirs faisandés en godiveaux[8]

Or ces pensées mortes depuis des millénaires
Avaient le fade goût des grands mammouths gelés
Les os ou songe-creux[9] venaient des ossuaires
En danse macabre aux plis de mon cervelet

Et tous ces mets criaient des choses nonpareilles[10]
 Mais nom de Dieu !
 Ventre affamé n'a pas d'oreilles
Et les convives mastiquaient à qui mieux mieux

7. L'orient d'une perle désigne son reflet nacré.
8. Hachis de viande en boulettes.
9. Personne qui nourrit son esprit de chimères.
10. Sans égales.

Chantre

Ah ! nom de Dieu ! qu'ont donc crié ces entrecôtes
Ces grands pâtés ces os à moelle et mirotons[1]
Langues de feu où sont-elles mes pentecôtes[2]
Pour mes pensées de tous pays de tous les temps

Chantre

Et l'unique cordeau des trompettes marines

Crépuscule

À Mademoiselle Marie Laurencin[3].

Frôlée par les ombres des morts
Sur l'herbe où le jour s'exténue
L'arlequine s'est mise nue
Et dans l'étang mire son corps

Un charlatan[4] crépusculaire
Vante les tours que l'on va faire
Le ciel sans teinte est constellé
D'astres pâles comme du lait

1. Bœuf bouilli finement tranché, accompagné de diverses sauces.
2. Fête chrétienne : cinquante jours après Pâques, le Saint-Esprit se manifesta sous forme de langues de feu qui descendirent sur les apôtres, si bien qu'ils se mirent à parler toutes les langues.
3. Peintre qui fut la compagne d'Apollinaire de 1907 à 1912. Ce poème renvoie sans doute à l'univers naïf et onirique de ses toiles, ainsi qu'aux *Arlequins* de la période bleue de Picasso.
4. Vendeur qui utilise la crédulité des clients pour s'enrichir.

Chantre

Ce poème est l'un des plus célèbres du recueil, pour son monostiche qui en fait presque le premier calligramme d'Apollinaire. Le vers est en effet tendu comme la corde unique de la trompette marine, instrument de musique fait d'une corde tendue sur laquelle on joue avec un archet. Le chantre est à l'origine le maître du chœur dans une église, il désigne par extension un poète lyrique.

Sur les tréteaux l'arlequin blême
Salue d'abord les spectateurs
Des sorciers venus de Bohême
Quelques fées et les enchanteurs

Ayant décroché une étoile
Il la manie à bras tendu
Tandis que des pieds un pendu
Sonne en mesure les cymbales

L'aveugle berce un bel enfant
La biche passe avec ses faons
Le nain regarde d'un air triste
Grandir l'arlequin trismégiste[5]

Annie

Sur la côte du Texas[6]
Entre Mobile et Galveston il y a
Un grand jardin tout plein de roses[7]
Il contient aussi une villa
Qui est une grande rose

Une femme se promène souvent
Dans le jardin toute seule
Et quand je passe sur la route bordée de tilleuls
Nous nous regardons

5. « Trois fois grand », en grec ancien.
6. En 1905, Annie Playden a émigré en Amérique.
7. Allusion au verger d'amour et à la belle dame sans merci développés dans *Le Roman de la rose* de Guillaume de Lorris (XIIᵉ s.).

Arlequin

Arlequin est un personnage de la commedia dell'arte, valet joueur et malicieux. Picasso a peint de nombreux Arlequins dans sa période bleue (voir p. 163 et 165), et sans doute Apollinaire s'en inspire-t-il ici. Pour le critique J.-M. Maulpoix, Arlequin représente symboliquement le costume que revêt le poète et le fonctionnement de son écriture poétique, faite de collages, juxtapositions, emprunts à des inspirations diverses.

La maison des morts

10 Comme cette femme est mennonite[1]
Ses rosiers et ses vêtements n'ont pas de boutons
Il en manque deux à mon veston
La dame et moi suivons presque le même rite

[annotation manuscrite : vers libres / climat fantastique / ∅ rimes]

La maison des morts[2]

À Maurice Raynal[3].

S'étendant sur les côtés du cimetière
La maison des morts l'encadrait comme un cloître
À l'intérieur de ses vitrines
Pareilles à celles des boutiques de modes
Au lieu de sourire debout
Les mannequins grimaçaient pour l'éternité

Arrivé à Munich depuis quinze ou vingt jours
J'étais entré pour la première fois et par hasard
Dans ce cimetière presque désert
10 Et je claquais des dents
Devant toute cette bourgeoisie
Exposée et vêtue le mieux possible
En attendant la sépulture

Soudain
Rapide comme ma mémoire
Les yeux ses rallumèrent
De cellule vitrée en cellule vitrée
Le ciel se peupla d'une apocalypse[4]

1. Communauté issue de la réforme protestante. Ses membres ne portent pas de vêtements à boutons.

2. En 1902, Apollinaire visite à Munich un cimetière unique qui lui inspire ce poème : les cadavres y sont exposés derrière des vitres avant d'être enterrés.

3. Critique d'art, ardent défenseur du cubisme.

4. Révélation qui surviendra à la fin des temps selon l'Évangile et qui séparera les innocents des coupables.

La maison des morts

Vivace
Et la terre plate à l'infini
Comme avant Galilée[5]
Se couvrit de mille mythologies immobiles
Un ange en diamant brisa toutes les vitrines
Et les morts m'accostèrent
Avec des mines de l'autre monde

Mais leur visage et leurs attitudes
Devinrent bientôt moins funèbres
Le ciel et la terre perdirent
Leur aspect fantasmagorique[6]

Les morts se réjouissaient
De voir leurs corps trépassés entre eux et la lumière
Ils riaient de voir leur ombre et l'observaient
Comme si véritablement
C'eût été leur vie passée

Alors je les dénombrai
Ils étaient quarante-neuf hommes
Femmes et enfants
Qui embellissaient à vue d'œil
Et me regardaient maintenant
Avec tant de cordialité
Tant de tendresse même
Que les prenant en amitié
Tout à coup
Je les invitai à une promenade
Loin des arcades de leur maison
Et tous bras dessus bras dessous
Fredonnant des airs militaires

5. Cet astronome italien (1564-1642) soutint contre l'Église que la Terre était ronde et tournait autour du Soleil.
6. Au caractère extraordinaire, surnaturel ou imaginaire.

La maison des morts

Oui tous vos péchés sont absous[1]
Nous quittâmes le cimetière

50 Nous traversâmes la ville
Et rencontrions souvent
Des parents des amis qui se joignaient
À la petite troupe des morts récents
Tous étaient si gais
Si charmants si bien portants
Que bien malin qui aurait pu
Distinguer les morts des vivants

Puis dans la campagne
On s'éparpilla
60 Deux chevau-légers[2] nous joignirent
On leur fit fête
Ils coupèrent du bois de viorne
Et de sureau
Dont ils firent des sifflets
Qu'ils distribuèrent aux enfants

Plus tard dans un bal champêtre
Les couples mains sur les épaules
Dansèrent au son aigre des cithares[3]

Ils n'avaient pas oublié la danse
70 Ces morts et ces mortes
On buvait aussi
Et de temps à autre une cloche
Annonçait qu'un autre tonneau
Allait être mis en perce

Une morte assise sur un banc
Près d'un buisson d'épine-vinette

1. Pardonnés.
2. Soldats appartenant à la cavalerie légère.
3. Instruments de musique à cordes pincées appartenant au folklore germanique.

La maison des morts

Laissait un étudiant
Agenouillé à ses pieds
Lui parler de fiançailles

Je vous attendrai
Dix ans vingt ans s'il le faut
Votre volonté sera la mienne

Je vous attendrai
Toute votre vie
Répondait la morte

Des enfants
De ce monde ou bien de l'autre
Chantaient de ces rondes
Aux paroles absurdes et lyriques
Qui sans doute sont les restes
Des plus anciens monuments poétiques
De l'humanité

L'étudiant passa une bague
À l'annulaire de la jeune morte

Voici le gage de mon amour
De nos fiançailles
Ni le temps ni l'absence
Ne nous feront oublier nos promesses
Et un jour nous aurons une belle noce
Des touffes de myrte[4]
À nos vêtements et dans vos cheveux
Un beau sermon à l'église
De longs discours après le banquet
Et de la musique
De la musique

4. Plante sacrée dans de nombreux cultes, qui reste toujours verte. Elle était consacrée à Vénus dans l'Antiquité.

La maison des morts

Nos enfants
Dit la fiancée
Seront plus beaux plus beaux encore
Hélas ! la bague était brisée
110 Que s'ils étaient d'argent ou d'or
D'émeraude ou de diamant
Seront plus clairs plus clairs encore
Que les astres du firmament
Que la lumière de l'aurore
Que vos regards mon fiancé
Auront meilleure odeur encore
Hélas ! la bague était brisée
Que le lilas qui vient d'éclore
Que le thym la rose ou qu'un brin
120 De lavande ou de romarin

Dessin de Louis Marcoussis
pour « La maison des morts ».

Les musiciens s'en étant allés
Nous continuâmes la promenade

Au bord d'un lac
On s'amusa à faire des ricochets
Avec des cailloux plats
Sur l'eau qui dansait à peine

Des barques étaient amarrées
Dans un havre[1]
On les détacha
130 Après que toute la troupe se fut embarquée
Et quelques morts ramaient
Avec autant de vigueur que les vivants

À l'avant du bateau que je gouvernais
Un mort parlait avec une jeune femme
Vêtue d'une robe jaune
D'un corsage noir

1. Port fermé et sûr.

La maison des morts

Avec des rubans bleus et d'un chapeau gris
Orné d'une seule petite plume défrisée

Je vous aime
Disait-il
Comme le pigeon aime la colombe
Comme l'insecte nocturne
Aime la lumière

Trop tard
Répondait la vivante
Repoussez repoussez cet amour défendu
Je suis mariée
Voyez l'anneau qui brille
Mes mains tremblent
Je pleure et je voudrais mourir

Les barques étaient arrivées
À un endroit où les chevau-légers
Savaient qu'un écho répondait de la rive
On ne se lassait point de l'interroger
Il y eut des questions si extravagantes
Et des réponses tellement pleines d'à-propos
Que c'était à mourir de rire
Et le mort disait à la vivante

Nous serions si heureux ensemble
Sur nous l'eau se refermera
Mais vous pleurez et vos mains tremblent
Aucun de nous ne reviendra

On reprit terre et ce fut le retour
Les amoureux s'entr'aimaient
Et par couples aux belles bouches
Marchaient à distances inégales
Les morts avaient choisi les vivantes
Et les vivants

La maison des morts

 Des mortes
170 Un genévrier parfois
 Faisait l'effet d'un fantôme
 Les enfants déchiraient l'air
 En soufflant les joues creuses
 Dans leurs sifflets de viorne
 Ou de sureau
 Tandis que les militaires
 Chantaient des tyroliennes[1]
 En se répondant comme on le fait
 Dans la montagne

180 Dans la ville
 Notre troupe diminua peu à peu
 On se disait
 Au revoir
 À demain
 À bientôt

 Beaucoup entraient dans les brasseries
 Quelques-uns nous quittèrent
 Devant une boucherie canine
 Pour y acheter leur repas du soir

190 Bientôt je restai seul avec ces morts
 Qui s'en allaient tout droit
 Au cimetière
 Où
 Sous les Arcades
 Je les reconnus
 Couchés
 Immobiles
 Et bien vêtus
 Attendant la sépulture derrière les vitrines

[1]. Airs populaires des Alpes du Tyrol, que l'on chante en « jodlant », en passant brusquement de la voix de tête à celle de poitrine.

200 Ils ne se doutaient pas
De ce qui s'était passé
Mais les vivants en gardaient le souvenir
C'était un bonheur inespéré

Et si certain
Qu'ils ne craignaient point de le perdre

Ils vivaient si noblement
Que ceux qui la veille encore
Les regardaient comme leurs égaux
Ou même quelque chose de moins
210 Admiraient maintenant
Leur puissance leur richesse et leur génie
Car y a-t-il rien qui vous élève
Comme d'avoir aimé un mort ou une morte
On devient si pur qu'on en arrive
Dans les glaciers de la mémoire
À se confondre avec le souvenir
On est fortifié pour la vie
Et l'on n'a plus besoin de personne

Clotilde

L'anémone et l'ancolie[2]
Ont poussé dans le jardin
Où dort la mélancolie
Entre l'amour et le dédain

Il y vient aussi nos ombres
Que la nuit dissipera
Le soleil qui les rend sombres
Avec elles disparaîtra

2. Fleur qui symbolise la tristesse.

Cortège

Les déités[1] des eaux vives
Laissent couler leurs cheveux
Passe il faut que tu poursuives
Cette belle ombre que tu veux

Cortège

À M. Léon Bailby[2].

Oiseau tranquille au vol inverse[3] oiseau
Qui nidifie en l'air
À la limite où notre sol brille déjà
Baisse ta deuxième paupière la terre t'éblouit
Quand tu lèves la tête

Et moi aussi de près je suis sombre et terne
Une brume qui vient d'obscurcir les lanternes
Une main qui tout à coup se pose devant les yeux
Une voûte entre vous et toutes les lumières
Et je m'éloignerai m'illuminant au milieu d'ombres
Et d'alignements d'yeux des astres bien-aimés

Oiseau tranquille au vol inverse oiseau
Qui nidifie en l'air
À la limite où brille déjà ma mémoire
Baisse ta deuxième paupière
Ni à cause du soleil ni à cause de la terre
Mais pour ce feu oblong[4] dont l'intensité ira s'augmentant
Au point qu'il deviendra un jour l'unique lumière

1. Divinités, à rapprocher ici des sirènes présentes dans d'autres poèmes du recueil.
2. Journaliste et patron de presse français (1867-1954), directeur du journal *L'Intransigeant* dans lequel Apollinaire a publié des critiques d'art.
3. Le paradisier, ou oiseau de Paradis, est un animal de Nouvelle-Guinée à l'origine d'un mythe : on raconte qu'il vit éternellement dans l'air, vole à l'envers et s'élève au fur et à mesure qu'il pond ses œufs.
4. De forme allongée.

Cortège

 Un jour
Un jour je m'attendais moi-même
Je me disais Guillaume il est temps que tu viennes
Pour que je sache enfin celui-là que je suis
Moi qui connais les autres

Je les connais par les cinq sens et quelques autres
Il me suffit de voir leurs pieds pour pouvoir refaire ces gens
 à milliers
De voir leurs pieds paniques un seul de leurs cheveux
De voir leur langue quand il me plaît de faire le médecin
Ou leurs enfants quand il me plaît de faire le prophète
Les vaisseaux des armateurs la plume de mes confrères
La monnaie des aveugles les mains des muets
Ou bien encore à cause du vocabulaire et non de l'écriture
Une lettre écrite par ceux qui ont plus de vingt ans
Il me suffit de sentir l'odeur de leurs églises
L'odeur des fleuves dans leurs villes
Le parfum des fleurs dans les jardins publics
Ô Corneille Agrippa[5] l'odeur d'un petit chien m'eût suffi
Pour décrire exactement tes concitoyens de Cologne
Leurs rois-mages et la ribambelle ursuline[6]
Qui t'inspirait l'erreur touchant toutes les femmes[7]
Il me suffit de goûter la saveur de laurier qu'on cultive
 pour que j'aime ou que je bafoue
Et de toucher les vêtements
Pour ne pas douter si l'on est frileux ou non
Ô gens que je connais
Il me suffit d'entendre le bruit de leurs pas
Pour pouvoir indiquer à jamais la direction qu'ils ont prise
Il me suffit de tous ceux-là pour me croire le droit
De ressusciter les autres

5. Savant occultiste de Cologne (1486-1535). On raconte que quand il mourut, il congédia un chien noir qui l'avait suivi toute sa vie, en retirant de son cou un collier plein de figures magiques.

6. Ordre catholique de Sainte-Ursule, fondé en 1535.

7. Dans un ouvrage, Agrippa fait l'éloge des femmes de la Bible.

Cortège

Un jour je m'attendais moi-même
Je me disais Guillaume il est temps que tu viennes
Et d'un lyrique pas s'avançaient ceux que j'aime
Parmi lesquels je n'étais pas
Les géants couverts d'algues passaient dans leurs villes
Sous-marines où les tours seules étaient des îles[1]
Et cette mer avec les clartés de ses profondeurs
Coulait sang de mes veines et fait battre mon cœur
Puis sur cette terre il venait mille peuplades blanches
Dont chaque homme tenait une rose à la main
Et le langage qu'ils inventaient en chemin
Je l'appris de leur bouche et je le parle encore
Le cortège passait et j'y cherchais mon corps
Tous ceux qui survenaient et n'étaient pas moi-même
Amenaient un à un les morceaux de moi-même
On me bâtit peu à peu comme on élève une tour[2]
Les peuples s'entassaient et je parus moi-même
Qu'ont formé tous les corps et les choses humaines

Temps passés Trépassés Les dieux qui me formâtes
Je ne vis que passant ainsi que vous passâtes
Et détournant mes yeux de ce vide avenir
En moi-même je vois tout le passé grandir

Rien n'est mort que ce qui n'existe pas encore
Près du passé luisant demain est incolore
Il est informe aussi près de ce qui parfait
Présente tout ensemble et l'effort et l'effet

1. Référence possible au mythe de l'Atlantide, île engloutie.
2. Allusion à la tour de Babel.

Explication de texte 2

« Cortège »,
➔ **p. 48 à 50, v. 19 à 73**

Un art poétique ?

SITUER

1. Après avoir lu attentivement le poème, vous justifierez son titre.
2. Relevez les anaphores* dans les vers 19 à 73. Quel rythme créent-elles ?

EXPLIQUER

Le poète, celui qui connaît les hommes ➔ v. 19 à 47

3. Aux vers 21 à 23, le poète exprime un paradoxe : lequel ?
4. Relevez le lexique des sens dans cette partie. Pourquoi le poète peut-il dire qu'il « [connaît] les autres » (v. 23) ?

La création du poète par la poésie ➔ v. 48 à 65

5. Quels liens le poète établit-il entre lui et le monde ?
6. Après avoir fait des recherches sur la tour de Babel, montrez comment cet épisode est réécrit par Apollinaire dans ce passage.
7. Comment le poète réussit-il alors à se construire ? De quoi est-il constitué ?

Du passé au futur ➔ v. 49 à 73

8. Lequel de ces deux temps est-il le plus fécond pour le poète : le passé ou le futur ? Pourquoi ?
9. Relisez le dernier vers. Quels sens « *et l'effort et l'effet* » (v. 73) prennent-ils si on les applique à l'écriture poétique ?

CONCLURE

10. Un « art poétique » est un poème dans lequel l'auteur explique et met en œuvre les règles poétiques qui construisent le genre qu'il revendique. Dans quelle mesure « Cortège » est-il un art poétique ?

Alcools • 51

ÉTUDE DE LA LANGUE

- Vers 49 : quelle forme de discours rapporté est présente dans ce vers ? Expliquez sa construction grammaticale.

ENQUÊTER

- Victor Hugo, dans « La vision d'où est sorti ce livre », compare lui aussi son recueil *La Légende des Siècles* à la tour de Babel. Lisez la dernière strophe de ce poème et comparez le sens de cette référence chez les deux poètes :

> *Mesurez-vous, vous l'ombre, à lui la plénitude.*
> *Vous aurez, ô passants, légions, multitude,*
> *Assiégeants de l'immense tour,*
> *Essaim tourbillonnant autour du grand pilastre,*
> *Vivants, avant qu'il ait usé son premier astre,*
> *Dépensé votre dernier jour !*

Dessin de Louis Marcoussis pour « Cortège ».

Marizibill[1]

Dans la Haute-Rue à Cologne
Elle allait et venait le soir
Offerte à tous en tout mignonne
Puis buvait lasse des trottoirs
Très tard dans les brasseries borgnes[2]

Elle se mettait sur la paille
Pour un maquereau[3] roux et rose
C'était un juif il sentait l'ail
Et l'avait venant de Formose
Tirée d'un bordel de Changaï

Je connais des gens de toutes sortes
Ils n'égalent pas leurs destins
Indécis comme feuilles mortes
Leurs yeux sont des feux mal éteints
Leurs cœurs bougent comme leurs portes

1. À l'origine orthographié « Marie-Sybille », le titre de ce poème renvoie en même temps à une figure du folklore de Cologne où Apollinaire a séjourné, à la prophétesse antique et au prénom féminin qui serait celui de cette prostituée.
2. Mal famées.
3. Proxénète.

Le voyageur

À Fernand Fleuret[1].

Ouvrez-moi cette porte où je frappe en pleurant

La vie est variable aussi bien que l'Euripe[2]
Tu regardais un banc de nuages descendre
Avec le paquebot orphelin vers les fièvres futures
Et de tous ces regrets de tous ces repentirs
 Te souviens-tu
Vagues poissons arqués[3] fleurs surmarines[4]
Une nuit c'était la mer
Et les fleuves s'y répandaient

10 Je m'en souviens je m'en souviens encore

Un soir je descendis dans une auberge triste
Auprès de Luxembourg
Dans le fond de la salle il s'envolait un Christ
Quelqu'un avait un furet
Un autre un hérisson
L'on jouait aux cartes
Et toi tu m'avais oublié

Te souviens-tu du long orphelinat des gares
Nous traversâmes des villes qui tout le jour tournaient
20 Et vomissaient la nuit le soleil des journées
 Ô matelots ô femmes sombres et vous mes compagnons
 Souvenez-vous-en

1. Poète contemporain et ami d'Apollinaire. Il définit ce poème comme une des « *complaintes populaires sans queue ni tête* » qu'Apollinaire et lui aimaient composer.
2. Bras de mer qui sépare l'Eubée de l'Attique, en Grèce, et dont le courant change jusqu'à quatorze fois de sens en vingt-quatre heures. Le nom même du fleuve signifie « changeant ».
3. Cambrés.
4. Néologisme d'Apollinaire qui crée ici l'antonyme de « sous-marines ».

Le voyageur

Deux matelots qui ne s'étaient jamais quittés
Deux matelots qui ne s'étaient jamais parlé
Le plus jeune en mourant tomba sur le côté

 Ô vous chers compagnons
Sonneries électriques des gares chant des moissonneuses
Traîneau d'un boucher régiment des rues sans nombre
Cavalerie des ponts nuits livides de l'alcool
Les villes que j'ai vues vivaient comme des folles

Te souviens-tu des banlieues et du troupeau plaintif
 des paysages
Les cyprès projetaient sous la lune leurs ombres
J'écoutais cette nuit au déclin de l'été
Un oiseau langoureux et toujours irrité
Et le bruit éternel d'un fleuve large et sombre

Mais tandis que mourants roulaient vers l'estuaire
Tous les regards tous les regards de tous les yeux
Les bords étaient déserts herbus silencieux
Et la montagne à l'autre rive était très claire

Alors sans bruit sans qu'on pût voir rien de vivant
Contre le mont passèrent des ombres vivaces
De profil ou soudain tournant leurs vagues faces
Et tenant l'ombre de leurs lances en avant

Les ombres contre le mont perpendiculaire
Grandissaient ou parfois s'abaissaient brusquement
Et ces ombres barbues pleuraient humainement
En glissant pas à pas sur la montagne claire

Marie

Qui donc reconnais-tu sur ces vieilles photographies[1]
Te souviens-tu du jour où une vieille abeille tomba dans le feu
50 C'était tu t'en souviens à la fin de l'été

Deux matelots qui ne s'étaient jamais quittés
L'aîné portait au cou une chaîne de fer
Le plus jeune mettait ses cheveux blonds en tresse

Ouvrez-moi cette porte où je frappe en pleurant

La vie est variable aussi bien que l'Euripe

Marie

Vous y dansiez petite fille
Y danserez-vous mère-grand
C'est la maclotte[2] qui sautille
Toutes les cloches sonneront
Quand donc reviendrez-vous Marie

Les masques[3] sont silencieux
Et la musique est si lointaine
Qu'elle semble venir des cieux
Oui je veux vous aimer mais vous aimer à peine
10 Et mon mal est délicieux
Les brebis s'en vont dans la neige

1. Apollinaire possède une photographie sur laquelle il figure, enfant, à côté de son frère. Tous deux sont costumés en marins, à la mode de l'époque.
2. Danse folklorique de l'Ardenne.
3. Par métonymie, personne portant un masque ou un déguisement.

Marie

Deux femmes aimées se superposent dans ce poème. En 1899, Apollinaire tombe amoureux de Maria Dubois, qu'il surnomme Marie, Mareye ou Mareï, et la seconde est évidemment Marie Laurencin. Mais on peut aussi penser à Marie, femme aimée par Ronsard, au prénom de la Vierge, ou encore à la particularité de ce prénom, anagramme du verbe aimer (voir p. 137).

Marie

Flocons de laine et ceux d'argent
Des soldats passent et que n'ai-je
Un cœur à moi ce cœur changeant
Changeant et puis encor que sais-je

Sais-je où s'en iront tes cheveux
Crépus comme mer qui moutonne
Sais-je où s'en iront tes cheveux
Et tes mains feuilles de l'automne
20 Que jonchent aussi nos aveux

Je passais au bord de la Seine
Un livre ancien sous le bras
Le fleuve est pareil à ma peine
Il s'écoule et ne tarit pas
Quand donc finira la semaine

Marie Laurencin (1853-1956) en 1912, Paris.

Explication de texte 3

« Marie »,
→ p. 56-57

Écrire pour contrer la fuite du temps ?

SITUER

1. Relisez le texte lentement. Quelles émotions, quels sentiments dominent à la lecture ?

2. Faites une recherche documentaire sur le thème de l'« *Ubi sunt* » en poésie. Où retrouvez-vous cette inspiration poétique dans ce poème ?

EXPLIQUER

Un poème d'amour perdu → v. 1 à 10

3. Quel portrait de la jeune femme la première strophe propose-t-elle ? Quels autres aspects de « Marie » trouve-t-on dans la strophe 4 ?

4. Soulignez dans ces vers toutes les références à la musique. Pouvez-vous voir une évolution dans les termes employés, dans leurs connotations ?

5. Les vers 9-10 annoncent clairement le thème du poème. Quelles antithèses relevez-vous ? Dans quels sens différents peut-on comprendre l'expression « *à peine* » ?

Le désespoir du poète → v. 11 à 20

6. Comment évolue, au fil du poème, la figure du poète ? Relevez et interprétez toutes les marques qui montrent son incertitude et son ignorance.

7. Qu'est-ce qui relie, strophe 3, les « *brebis* », les « *flocons* », les « *soldats* » ? Comment comprenez-vous les comparaisons* et les métaphores* de la strophe 4 ?

La fuite irrépressible du temps → v. 21 à 25

8. Relevez pour chaque vers du poème le temps des verbes employés. Le poète parvient-il à concilier le passé, le présent et le futur ? Sur quel temps se clôt le poème, et pourquoi selon-vous ?

9. Presque tous les verbes employés sont des verbes de mouvement. Pourquoi ? En quoi pouvez-vous relier cela à l'image du « *fleuve* » aux vers 23-24 ?

10 Le poète porte « *un livre ancien sous le bras* ». Comment comprenez-vous ce détail ?

CONCLURE

11 Expliquez de façon synthétique en quoi ce poème illustre bien les spécificités du lyrisme de Guillaume Apollinaire (aidez-vous du parcours associé, p. 144).

ÉTUDE DE LA LANGUE

- Vers 7-8 : faites l'analyse grammaticale de cette phrase.

DÉBATTRE

- L'écriture poétique ne sert-elle, selon vous, qu'à se remémorer les souvenirs disparus, ou bien permet-elle d'aller vers l'avant ?

La blanche neige

Les anges les anges dans le ciel
L'un est vêtu en officier
L'un est vêtu en cuisinier
Et les autres chantent

Bel officier couleur du ciel
Le doux printemps longtemps après Noël
Te médaillera d'un beau soleil
 D'un beau soleil

Le cuisinier plume les oies
10 Ah ! tombe neige
 Tombe et que n'ai-je
Ma bien-aimée entre mes bras

Poème lu au mariage d'André Salmon

le 13 juillet 1909.

En voyant des drapeaux ce matin je ne me suis pas dit
Voilà les riches vêtements des pauvres
Ni la pudeur démocratique veut me voiler sa douleur
Ni la liberté en honneur fait qu'on imite maintenant
Les feuilles ô liberté végétale ô seule liberté terrestre
Ni les maisons flambent parce qu'on partira pour ne plus
 revenir

> **Le mariage d'un ami**
>
> En 1903, dans le bistrot « Au Père Jean », Apollinaire et son ami André Salmon, lui aussi poète, fondent une revue, *Le Festin d'Ésope*, qui comportera neuf numéros parus de novembre 1903 à août 1904. Le poète Philippe Soupault, invité au mariage, a prétendu plus tard qu'Apollinaire avait composé ce poème sur le chemin des noces.

Poème lu au mariage d'André Salmon

Ni ces mains agitées travailleront demain pour nous tous
Ni même on a pendu ceux qui ne savaient pas profiter de la vie
Ni même on renouvelle le monde en reprenant la Bastille[1]
Je sais que seuls le renouvellent ceux qui sont fondés en poésie
On a pavoisé Paris parce que mon ami André Salmon s'y marie

Nous nous sommes rencontrés dans un caveau maudit[2]
Au temps de notre jeunesse
Fumant tous deux et mal vêtus attendant l'aube
Épris épris des mêmes paroles dont il faudra changer le sens
Trompés trompés pauvres petits et ne sachant pas encore rire
La table et les deux verres devinrent un mourant qui nous jeta
 le dernier regard d'Orphée[3]
Les verres tombèrent se brisèrent[4]
Et nous apprîmes à rire
Nous partîmes alors pèlerins de la perdition
À travers les rues à travers les contrées à travers la raison
Je le revis au bord du fleuve sur lequel flottait Ophélie[5]
Qui blanche flotte encore entre les nénuphars
Il s'en allait au milieu des Hamlets blafards
Sur la flûte jouant les airs de la folie
Je le revis près d'un moujik[6] mourant compter les béatitudes
En admirant la neige semblable aux femmes nues[7]
Je le revis faisant ceci ou cela en l'honneur des mêmes paroles
Qui changent la face des enfants et je dis toutes ces choses
Souvenir et Avenir parce que mon ami André Salmon se marie

1. Apollinaire insiste sur la rencontre entre la fête nationale et la fête privée, la révolution qu'on commémore et la poésie nouvelle.
2. En avril 1903, la revue *La Plume* a repris les traditionnels banquets littéraires et organise des soirées au caveau du *Soleil d'or*, café littéraire du quartier Latin. L'adjectif est également une allusion aux poètes maudits, « fumant » et « mal vêtus ».
3. Dans la mythologie, Orphée, grâce aux pouvoirs de ses chants, ramena sa femme Eurydice des Enfers, mais la perdit à nouveau pour s'être retourné vers elle (voir p. 144).
4. Voir « Nuit Rhénane », p. 90.
5. Dans la tragédie de Shakespeare, fiancée d'Hamlet qui devint folle et se noya (voir p. 143).
6. Paysan russe.
7. Allusions aux œuvres d'André Salmon.

L'adieu

Réjouissons-nous non pas parce que notre amitié a été le fleuve
 qui nous a fertilisés
Terrains riverains dont l'abondance est la nourriture que
 tous espèrent
Ni parce que nos verres nous jettent encore une fois le regard
 d'Orphée mourant
Ni parce que nous avons tant grandi que beaucoup pourraient
 confondre nos yeux et les étoiles
Ni parce que les drapeaux claquent aux fenêtres des citoyens
 qui sont contents depuis cent ans d'avoir la vie et
 de menues choses à défendre
Ni parce que fondés en poésie nous avons des droits sur
 les paroles qui forment et défont l'Univers
Ni parce que nous pouvons pleurer sans ridicule et que nous
 savons rire
Ni parce que nous fumons et buvons comme autrefois
Réjouissons-nous parce que directeur du feu et des poètes
L'amour qui emplit ainsi que la lumière
Tout le solide espace entre les étoiles et les planètes
L'amour veut qu'aujourd'hui mon ami André Salmon se marie

L'adieu

J'ai cueilli ce brin de bruyère
L'automne est morte souviens-t'en
Nous ne nous verrons plus sur terre
Odeur du temps brin de bruyère
Et souviens-toi que je t'attends

Salomé

Pour que sourie encore une fois Jean-Baptiste
Sire je danserais mieux que les séraphins
Ma mère dites-moi pourquoi vous êtes triste
En robe de comtesse à côté du Dauphin[1]

Mon coeur battait battait très fort à sa parole
Quand je dansais dans le fenouil[2] en écoutant
Et je brodais des lys[3] sur une banderole
Destinée à flotter au bout de son bâton

Et pour qui voulez-vous qu'à présent je la brode
Son bâton refleurit sur les bords du Jourdain[4]
Et tous les lys quand vos soldats ô roi Hérode
L'emmenèrent se sont flétris dans mon jardin

Venez tous avec moi là-bas sous les quinconces[5]
 Ne pleure pas ô joli fou du roi
Prends cette tête au lieu de ta marotte[6] et danse
N'y touchez pas son front ma mère est déjà froid

Sire marchez devant trabants[7] marchez derrière
Nous creuserons un trou et l'y enterrerons
Nous planterons des fleurs et danserons en rond
Jusqu'à l'heure où j'aurai perdu ma jarretière

1. Héritier de la couronne.
2. Plante sacrée de Bacchus, le fenouil est aussi un symbole phallique et, plus largement, érotique.
3. Symbole de pureté, cette fleur est aussi l'emblème des rois de France.
4. Signe de résurrection. Dans la Bible, le Jourdain est également le fleuve où saint Jean-Baptiste baptisa le Christ.
5. Groupe de cinq arbres.
6. Sceptre grotesque surmonté d'une tête ornée de grelots, attribut du bouffon.
7. Gardes du corps du roi.

La danse de Salomé

Ce poème s'inspire d'un récit du *Nouveau Testament*. Salomé, fille d'Hérodiade, est sommée de danser devant son beau-père, Hérode Antipas, le roi d'Israël. Charmé par sa grâce, le roi lui accorde ce qu'elle souhaite. Salomé, sur ordre de sa mère, lui demande de lui apporter la tête de Jean-Baptiste. Flaubert, Laforgue, Mallarmé ont, entre autres, réécrit cette scène célèbre avant Apollinaire.

La porte

Le roi sa tabatière
L'infante son rosaire[1]
Le curé son bréviaire[2]

La porte

La porte de l'hôtel sourit terriblement
Qu'est-ce que cela peut me faire ô ma maman
D'être cet employé pour qui seul rien n'existe
Pi-mus[3] couples allant dans la profonde eau triste
Anges[4] frais débarqués à Marseille hier matin
J'entends mourir et remourir un chant lointain
Humble comme je suis qui ne suis rien qui vaille

Enfant je t'ai donné ce que j'avais travaille

Merlin et la vieille femme

Le soleil ce jour-là s'étalait comme un ventre
Maternel qui saignait lentement sur le ciel
La lumière est ma mère ô lumière sanglante
Les nuages coulaient comme un flux menstruel

1. Dans la religion catholique, grand chapelet consacré à la Vierge.
2. Livre de messe.
3. Les poissons pi-mu n'ont qu'un œil et ne volent qu'en couples.
4. Espèce de poisson.

La porte

Ce poème évoque les conditions de vie très difficiles d'Apollinaire à Paris, à l'instar de « Hôtels », p. 119. Mais il reprend également un motif récurrent du recueil, celui de la porte. Cette dernière est très ambivalente : elle désigne souvent l'attitude du poète face au passé, mais représente aussi sa solitude comme dans « Le voyageur » : « *Ouvrez-moi cette porte où je frappe en pleurant* », supplie le poète.

Merlin et la vieille femme

Au carrefour où nulle fleur sinon la rose
Des vents mais sans épine n'a fleuri l'hiver
Merlin[5] guettait la vie et l'éternelle cause
Qui fait mourir et puis renaître l'univers

Une vieille sur une mule à chape[6] verte
S'en vint suivant la berge du fleuve en aval
Et l'antique Merlin dans la plaine déserte
Se frappait la poitrine en s'écriant Rival

Ô mon être glacé dont le destin m'accable
Dont ce soleil de chair grelotte veux-tu voir
Ma Mémoire venir et m'aimer ma semblable
Et quel fils malheureux et beau je veux avoir

Son geste fit crouler l'orgueil des cataclysmes
Le soleil en dansant remuait son nombril
Et soudain le printemps d'amour et d'héroïsme
Amena par la main un jeune jour d'avril

Les voies qui viennent de l'ouest étaient couvertes
D'ossements d'herbes drues de destins et de fleurs
Des monuments tremblants près des charognes vertes
Quand les vents apportaient des poils et des malheurs

Laissant sa mule à petits pas s'en vint l'amante[7]
À petits coups le vent défripait ses atours
Puis les pâles amants joignant leurs mains démentes
L'entrelacs de leurs doigts fut leur seul laps d'amour

5. Cet enchanteur appartient à la légende
du roi Arthur. La fée Viviane le piège par son amour.
En 1909, Apollinaire lui consacre *L'Enchanteur pourrissant*.
Ses ambigüités représentent celles du poète : entre paganisme
et christianisme, entre monde ancien et monde moderne.

6. Manteau long et sans manches.

7. Merlin aurait aimé une femme âgée de cent ans.

Merlin et la vieille femme

Elle balla[1] mimant un rythme d'existence
Criant Depuis cent ans j'espérais ton appel
Les astres de ta vie influaient sur ma danse
Morgane regardait du haut du mont Gibel

Ah ! qu'il fait doux danser quand pour vous se déclare
Un mirage où tout chante et que les vents d'horreur
Feignent d'être le rire de la lune hilare[2]
Et d'effrayer les fantômes avants-coureurs

J'ai fait des gestes blancs parmi les solitudes
Des lémures[3] couraient peupler les cauchemars
Mes tournoiements exprimaient les béatitudes
Qui toutes ne sont rien qu'un pur effet de l'Art

Je n'ai jamais cueilli que la fleur d'aubépine[4]
Aux printemps finissants qui voulaient défleurir
Quand les oiseaux de proie proclamaient leurs rapines
D'agneaux mort-nés et d'enfants-dieux qui vont mourir

Et j'ai vieilli vois-tu pendant ta vie je danse
Mais j'eusse été tôt lasse et l'aubépine en fleurs
Cet avril aurait eu la pauvre confidence
D'un corps de vieille morte en mimant la douleur

Et leurs mains s'élevaient comme un vol de colombes
Clarté sur qui la nuit fondit comme un vautour
Puis Merlin s'en alla vers l'est disant Qu'il monte
Le fils de ma Mémoire égale de l'Amour

Qu'il monte de la fange[5] ou soit une ombre d'homme
Il sera bien mon fils mon ouvrage immortel

1. Dansa.
2. Qui manifeste une joie béate, mais aussi douce, bienveillante.
3. Spectres malfaisants, fantômes.
4. Petite fleur blanche symbole d'innocence et de virginité.
5. Boue.

Le front nimbé de feu sur le chemin de Rome
Il marchera tout seul en regardant le ciel

La dame qui m'attend se nomme Viviane[6]
Et vienne le printemps des nouvelles douleurs
Couché parmi la marjolaine et les pas-d'âne[7]
Je m'éterniserai sous l'aubépine en fleurs[8]

Saltimbanques

À Louis Dumur[9].

Dans la plaine les baladins[10]
S'éloignent au long des jardins
Devant l'huis[11] des auberges grises
Par les villages sans églises

Et les enfants s'en vont devant
Les autres suivent en rêvant
Chaque arbre fruitier se résigne
Quand de très loin ils lui font signe

Ils ont des poids ronds ou carrés
Des tambours des cerceaux dorés
L'ours et le singe animaux sages
Quêtent des sous sur leur passage

6. La Dame du Lac, qui capture Merlin.
7. Nom usuel d'une plante médicinale.
8. Selon la légende, Viviane avait enfermé Merlin dans un cercle d'aubépines.
9. Romancier, poète et dramaturge suisse (1860-1933), secrétaire de rédaction au *Mercure de France*.
10. Comédiens ambulants, saltimbanques ou bouffons.
11. Porte *(vieilli)*.

Le larron

Chœur

Maraudeur[1] étranger malheureux malhabile
Voleur voleur que ne demandais-tu ces fruits
Mais puisque tu as faim que tu es en exil
Il pleure il est barbare et bon pardonnez-lui

Larron

Je confesse le vol des fruits doux des fruits mûrs
Mais ce n'est pas l'exil que je viens simuler
Et sachez que j'attends de moyennes tortures
Injustes si je rends tout ce que j'ai volé

Vieillard

Issu de l'écume des mers comme Aphrodite[2]
Sois docile puisque tu es beau Naufragé
Vois les sages te font des gestes socratiques[3]
Vous parlerez d'amour quand il aura mangé

Chœur

Maraudeur étranger malhabile et malade
Ton père fut un sphinx et ta mère une nuit
Qui charma de lueurs Zacinthe[4] et les Cyclades[5]
As-tu feint d'avoir faim quand tu volas les fruits

1. Chapardeur.
2. Déesse de l'amour, née de l'écume marine fécondée par le sperme d'Ouranos.
3. Autrement dit, des gestes qui sous-entendent l'amour d'un homme âgé pour un homme plus jeune que lui.
4. Île de la mer Ionienne.
5. Archipel de la mer Égée.

Le Christ et les deux larrons

Ce très long poème dialogique est une réécriture d'un épisode de la crucifixion de Jésus dans la Bible. Il est crucifié entre deux voleurs : le larron à sa droite l'insulte en lui demandant de les sauver tous les trois, celui de gauche lui demande la charité. Jésus lui fait alors la promesse d'une vie éternelle. Le poète place ici cette scène dans un univers à la fois chrétien et totalement païen.

Le larron

LARRON

Possesseurs de fruits mûrs que dirai-je aux insultes
Ouïr ta voix ligure[6] en nénie[7] ô maman
Puisqu'ils n'eurent enfin la pubère et l'adulte
De prétexte sinon de s'aimer nuitamment

Il y avait des fruits tout ronds comme des âmes
Et des amandes de pomme de pin jonchaient
Votre jardin marin où j'ai laissé mes rames
Et mon couteau punique au pied de ce pêcher

Les citrons couleur d'huile et à saveur d'eau froide
Pendaient parmi les fleurs des citronniers tordus
Les oiseaux de leur bec ont blessé vos grenades
Et presque toutes les figues étaient fendues[8]

L'ACTEUR

Il entra dans la salle aux fresques qui figurent
L'inceste solaire et nocturne dans les nues
Assieds-toi là pour mieux ouïr les voix ligures
Au son des cinyres[9] des Lydiennes[10] nues

Or les hommes ayant des masques de théâtre
Et les femmes ayant des colliers où pendaient
La pierre prise au foie d'un vieux coq de Tanagre[11]
Parlaient entre eux le langage de la Chaldée[12]

6. De Ligurie, région au nord-ouest de l'Italie.
7. Dans l'Antiquité, chant funèbre.
8. Les fruits de ce quatrain sont tous très symboliques. Ce jardin méditerranéen pourrait être le souvenir des années passées par le poète à Nice et à Monaco.
9. Harpes à dix cordes, d'un son triste.
10. Femmes d'Asie mineure souvent assimilées à un chœur de bacchantes.
11. Ville de Béotie.
12. Partie méridionale de la Mésopotamie. Dans l'Antiquité, les Chaldéens sont considérés comme les magiciens, les astrologues et les devins.

Le larron

Les autans[1] langoureux dehors feignaient l'automne
Les convives c'étaient tant de couples d'amants
Qui dirent tour à tour Voleur je te pardonne
40 Reçois d'abord le sel puis le pain de froment

Le brouet[2] qui froidit sera fade à tes lèvres
Mais l'outre en peau de bouc maintient frais le vin blanc
Par ironie veux-tu qu'on serve un plat de fèves
Ou des beignets de fleurs trempés dans du miel blond

Une femme lui dit Tu n'invoques personne
Crois-tu donc au hasard qui coule au sablier
Voleur connais-tu mieux les lois malgré les hommes
Veux-tu le talisman heureux de mon collier

Larron des fruits tourne vers moi tes yeux lyriques
50 Emplissez de noix la besace du héros
Il est plus noble que le paon pythagorique
Le dauphin la vipère mâle ou le taureau

Qui donc es-tu toi qui nous vins grâce au vent scythe[3]
Il en est tant venu par la route ou la mer
Conquérants égarés qui s'éloignaient trop vite
Colonnes de clins d'yeux qui fuyaient aux éclairs

Chœur

Un homme bègue ayant au front deux jets de flammes[4]
Passa menant un peuple infime pour l'orgueil
De manger chaque jour les cailles et la manne
60 Et d'avoir vu la mer ouverte comme un œil

1. Vents violents.
2. Bouillie très rudimentaire, aliment de base des gens pauvres dans l'Antiquité.
3. Peuple nomade et guerrier (VIIe-IIIe s. av. J.-C.) dont le territoire allait du Danube, en Allemagne, au Don, en Russie.
4. Moïse. Ce quatrain évoque trois épisodes célèbres de Moïse dans la Bible : son bégaiement, la manne (aliment miraculeux des Hébreux dans le désert) et le passage de la mer Rouge.

Le larron

Les puiseurs d'eau barbus coiffés de bandelettes
Noires et blanches contre les maux et les sorts
Revenaient de l'Euphrate et les yeux des chouettes
Attiraient quelquefois les chercheurs de trésors

Cet insecte jaseur ô poète barbare
Regagnait chastement à l'heure d'y mourir
La forêt précieuse aux oiseaux gemmipares[5]
Aux crapauds que l'azur et les sources mûrirent

Un triomphe passait gémir sous l'arc-en-ciel
Avec de blêmes laurés[6] debout dans les chars
Les statues suant les scurriles[7] les agnelles
Et l'angoisse rauque des paonnes et des jars

Les veuves précédaient en égrenant des grappes
Les évêques noirs révérant sans le savoir
Au triangle isocèle ouvert au mors des chapes[8]
Pallas[9] et chantaient l'hymne à la belle mais noire

Les chevaucheurs nous jetèrent dans l'avenir
Les alcancies[10] pleines de cendre ou bien de fleurs
Nous aurons des baisers florentins sans le dire
Mais au jardin ce soir tu vins sage et voleur

Ceux de ta secte adorent-ils un signe obscène
Belphégor[11] le soleil le silence ou le chien
Cette furtive ardeur des serpents qui s'entr'aiment

5. Animaux qui se reproduisent à partir d'une cellule. Apollinaire joue ici sur l'autre sens du mot gemme, qui désigne une pierre précieuse.
6. Couronnés de lauriers.
7. Facéties de bouffon.
8. La chape est une cape de cérémonie portée par les prêtres ou les évêques, le mors du chape une agrafe.
9. Pallas Athéna, la déesse grecque.
10. Boules de terre creuses contenant des cendres ou des pétales de fleurs, qu'on jetait à l'occasion de certaines fêtes.
11. Démon à caractère sexuel.

Le larron

L'ACTEUR
Et le larron des fruits cria Je suis chrétien

CHŒUR
Ah ! Ah ! les colliers tinteront cherront[1] les masques
Va-t'en va-t'en contre le feu l'ombre prévaut
Ah ! Ah ! le larron de gauche dans la bourrasque
Rira de toi comme hennissent les chevaux

FEMME
Larron des fruits tourne vers moi tes yeux lyriques
Emplissez de noix la besace du héros
Il est plus noble que le paon pythagorique
Le dauphin la vipère mâle ou le taureau

CHŒUR
Ah ! Ah ! nous secouerons toute la nuit les sistres[2]
La voix ligure était-ce donc un talisman
Et si tu n'es pas de droite tu es sinistre
Comme une tache grise ou le pressentiment

Puisque l'absolu choit la chute est une preuve
Qui double devient triple avant d'avoir été[3]
Nous avouerons que les grossesses nous émeuvent
Les ventres pourront seuls nier l'aséité[4]

Vois les vases sont pleins d'humides fleurs morales
Va-t'en mais dénudé puisque tout est à nous
Ouïs[5] du chœur des vents les cadences plagales[6]
Et prends l'arc pour tuer l'unicorne ou le gnou

1. Verbe *choir* au futur : tomberont.
2. Instruments de percussion.
3. Allusion probable à la Trinité, ironique puisque Apollinaire sous-entendrait que le Saint-Père a engendré lui-même le Saint-Esprit.
4. Capacité à se créer soi-même.
5. Impératif du verbe *ouïr* : entends.
6. Cadences utilisées dans la musique religieuse.

L'ombre équivoque et tendre est le deuil de ta chair
Et sombre elle est humaine et puis la nôtre aussi
Va-t'en le crépuscule a des lueurs légères
Et puis aucun de nous ne croirait tes récits

 Il brillait et attirait comme la pantaure[7]
110 Que n'avait-il la voix et les jupes d'Orphée
Et les femmes la nuit feignant d'être des taures[8]
L'eussent aimé comme on l'aima puisqu'en effet

Il était pâle il était beau comme un roi ladre[9]
Que n'avait-il la voix et les jupes d'Orphée
La pierre prise au foie d'un vieux coq de Tanagre
Au lieu du roseau triste et du funèbre faix[10]

Que n'alla-t-il vivre à la cour du roi d'Edesse[11]
Maigre et magique il eût scruté le firmament
Pâle et magique il eût aimé des poétesses
120 Juste et magique il eût épargné les démons

Va-t'en errer crédule et roux avec ton ombre
Soit ! la triade est mâle et tu es vierge et froid
Le tact est relatif mais la vue est oblongue[12]
Tu n'as de signe que le signe de la croix

Le vent nocturne

Oh ! les cimes des pins grincent en se heurtant
Et l'on entend aussi se lamenter l'autan[13]
Et du fleuve prochain à grand'voix triomphales

7. Sorte de pierre précieuse.
8. Génisses.
9. Lépreux.
10. Fardeau.
11. Ancienne ville de Bithynie (dans l'actuelle Turquie). Le roi lépreux Abgar y aurait invité le Christ pour bénéficier de ses miracles.
12. De forme allongée.
13. Vent violent.

Lul de Faltenin

130 Les elfes[1] rire au vent ou corner aux rafales
Attys[2] Attys Attys charmant et débraillé
C'est ton nom qu'en la nuit les elfes ont raillé
Parce qu'un de tes pins s'abat au vent gothique
La forêt fuit au loin comme une armée antique
Dont les lances ô pins s'agitent au tournant
Les villages éteints méditent maintenant
Comme les vierges les vieillards et les poètes
Et ne s'éveilleront au pas de nul venant
Ni quand sur leurs pigeons fondront les gypaètes[3]

Lul de Faltenin

À Louis de Gonzague Frick[4].

Sirènes j'ai rampé vers vos
Grottes[5] tiriez aux mers la langue
En dansant devant leurs chevaux
Puis battiez de vos ailes d'anges
Et j'écoutais ces chœurs rivaux

Une arme ô ma tête inquiète
J'agite un feuillage défleuri
Pour écarter l'haleine tiède
Qu'exhalent contre mes grands cris
10 Vos terribles bouches muettes

1. Divinités de la nature dans la mythologie nordique.
2. Dans la mythologie, ce jeune berger, aimé de la déesse Cybèle, la trompa puis s'émascula. De son sang naquit le pin.
3. Espèces de grands vautours.
4. Poète, dandy (1883-1959).
5. Voir le sonnet de Gérard de Nerval, « El Desdichado », où l'on trouve ce vers :
« *J'ai rêvé dans la grotte où nage la sirène...* ».

Un poème mystérieux

Les noms propres du titre peuvent donner lieu à une interprétation érotique : *Lul* désigne en flamand le sexe masculin, tandis que *Faltenin* dériverait de *phallum tenens* (« qui tient le phallus »).

Lul de Faltenin

Il y a là-bas la merveille
Au prix d'elle que valez-vous
Le sang jaillit de mes otelles[6]
À mon aspect et je l'avoue
Le meurtre de mon double orgueil

Si les bateliers ont ramé
Loin des lèvres à fleur de l'onde
Mille et mille animaux charmés
Flairent la route à la rencontre
De mes blessures bien-aimées

Leurs yeux étoiles bestiales
Éclairent ma compassion
Qu'importe sagesse[7] égale
Celle des constellations
Car c'est moi seul nuit qui t'étoile

Sirènes enfin je descends
Dans une grotte avide J'aime
Vos yeux Les degrés sont glissants
Au loin que vous devenez naines
N'attirez plus aucun passant

Dans l'attentive et bien-apprise
J'ai vu feuilloler[8] nos forêts
Mer le soleil se gargarise
Où les matelots désiraient
Que vergues[9] et mâts reverdissent

6. Dans un blason d'armoirie, figures en forme d'amande, disposées en croix.
7. Dans l'*Odyssée* d'Homère, les sirènes promettent à Ulysse l'accès à leur science et à leur sagesse s'il accepte d'écouter leurs chants.
8. Se garnir de feuilles.
9. Longues pièces de bois attachées au travers du mât pour soutenir la voile.

La tzigane

Je descends et le firmament
S'est changé très vite en méduse[1]
Puisque je flambe atrocement
Que mes bras seuls sont les excuses
Et les torches de mon tourment

Oiseaux tiriez aux mers la langue
Le soleil d'hier m'a rejoint
Les otelles nous ensanglantent
Dans le nid des Sirènes loin
Du troupeau d'étoiles oblongues

La tzigane

La tzigane[2] savait d'avance
Nos deux vies barrées par les nuits
Nous lui dîmes adieu et puis
De ce puits sortit l'Espérance

L'amour lourd comme un ours privé
Dansa debout quand nous voulûmes
Et l'oiseau bleu perdit ses plumes
Et les mendiants leurs *Ave*

On sait très bien que l'on se damne
Mais l'espoir d'aimer en chemin
Nous fait penser main dans la main
À ce qu'a prédit la tzigane

1. Créature mythologique, qui pétrifie tous ceux qui croisent son regard.
2. Ici sans doute une chiromancienne (elle lit l'avenir dans les lignes de la main).

L'ermite

À Félix Fénéon[3].

Un ermite déchaux[4] près d'un crâne blanchi
Cria Je vous maudis martyres et détresses
Trop de tentations malgré moi me caressent
Tentations de lune et de logomachies[5]

Trop d'étoiles s'enfuient quand je dis mes prières
Ô chef de morte Ô vieil ivoire Orbites Trous
Des narines rongées J'ai faim Mes cris s'enrouent
Voici donc pour mon jeûne un morceau de gruyère

Ô Seigneur flagellez les nuées du coucher
Qui vous tendent au ciel de si jolis culs roses
Et c'est le soir les fleurs de jour déjà se closent
Et les souris dans l'ombre incantent le plancher

Les humains savent tant de jeux l'amour la mourre[6]
L'amour jeu des nombrils ou jeu de la grande oie
La mourre jeu du nombre illusoire des doigts
Seigneur faites Seigneur qu'un jour je m'énamoure

J'attends celle qui me tendra ses doigts menus
Combien de signes blancs aux ongles les paresses
Les mensonges pourtant j'attends qu'elle les dresse
Ses mains énamourées devant moi l'Inconnue

3. Critique d'art (1861-1944), qui a comme Apollinaire collaboré à *La Revue Blanche*.
4. Religieux déchaussé, autrement dit qui porte ses sandales sans bas.
5. Querelles de mots, raisonnements creux et vides.
6. Jeu de société qui consiste à deviner le nombre de doigts dépliés par l'autre.

L'ermite

Seigneur que t'ai-je fait Vois Je suis unicorne
Pourtant malgré son bel effroi concupiscent[1]
Comme un poupon chéri mon sexe est innocent
D'être anxieux seul et debout comme une borne

Seigneur le Christ est nu jetez jetez sur lui
La robe sans couture éteignez les ardeurs
Au puits vont se noyer tant de tintements d'heures
Quand isochrones[2] choient des gouttes d'eau de pluie

J'ai veillé trente nuits sous les lauriers-roses
As-tu sué du sang Christ dans Gethsémani[3]
Crucifié réponds Dis non Moi je le nie
Car j'ai trop espéré en vain l'hématidrose[4]

J'écoutais à genoux toquer les battements
Du cœur le sang roulait toujours en ses artères
Qui sont de vieux coraux ou qui sont des clavaires[5]
Et mon aorte était avare éperdument

Une goutte tomba Sueur Et sa couleur
Lueur Le sang si rouge et j'ai ri des damnés
Puis enfin j'ai compris que je saignais du nez
À cause des parfums violents de mes fleurs

Et j'ai ri du vieil ange qui n'est point venu
De vol très indolent me tendre un beau calice
J'ai ri de l'aile grise et j'ôte mon cilice[6]
Tissé de crins soyeux par de cruels canuts[7]

1. Plein de désir physique.
2. Qui se produisent à intervalles réguliers.
3. Dans la Bible, jardin proche de Jérusalem où le Christ est arrêté. Ce vers et le précédent rappellent le dernier du calligramme « La Colombe poignardée et le jet d'eau » : « *Jardins où saigne abondamment le laurier-rose fleur guerrière* ».
4. Nom savant pour désigner la sueur teintée de sang.
5. Champignons en forme de coraux.
6. Tunique ou ceinture de crin portées à même la chair par mortification.
7. Ouvriers tisserands lyonnais.

L'ermite

Vertuchou[8] Riotant[9] des vulves des papesses
De saintes sans tétons j'irai vers les cités
Et peut-être y mourir pour ma virginité
Parmi les mains les peaux les mots et les promesses

Malgré les autans[10] bleus je me dresse divin
Comme un rayon de lune adoré par la mer
En vain j'ai supplié tous les saints aémères[11]
Aucun n'a consacré mes doux pains sans levain

Et je marche Je fuis ô nuit Lilith[12] ulule
Et clame vainement et je vois de grands yeux
S'ouvrir tragiquement Ô nuit je vois tes cieux
S'étoiler calmement de splendides pilules

Un squelette de reine innocente est pendu
À un long fil d'étoile en désespoir sévère
La nuit les bois sont noirs et se meurt l'espoir vert
Quand meurt le jour avec un râle inattendu

Et je marche je fuis ô jour l'émoi de l'aube
Ferma le regard fixe et doux de vieux rubis
Des hiboux et voici le regard des brebis
Et des truies aux tétins roses comme des lobes

Des corbeaux éployés comme des tildes[13] font
Une ombre vaine aux pauvres champs de seigle mûr
Non loin des bourgs où des chaumières sont impures
D'avoir des hiboux morts cloués à leur plafond

8. Juron (déformation de *vertu de Dieu*).
9. Riant à demi.
10. Vents violents.
11. Saints qui n'ont pas de fête fixée dans le calendrier.
12. Première femme d'Adam, remplacée ensuite par Ève. Elle devint la première des démones. En Hébreu, ce nom désigne la chouette.
13. Signes diacritiques de l'alphabet, notés ~ et utilisés dans plusieurs langues.

L'ermite

 Mes kilomètres longs Mes tristesses plénières
70 Les squelettes de doigts terminant les sapins
 Ont égaré ma route et mes rêves poupins[1]
 Souvent et j'ai dormi au sol des sapinières

 Enfin Ô soir pâmé Au bout de mes chemins
 La ville m'apparut très grave au son des cloches
 Et ma luxure meurt à présent que j'approche
 En entrant j'ai béni les foules des deux mains

 Cité j'ai ri de tes palais tels que des truffes
 Blanches au sol fouillé de clairières bleues
 Or mes désirs s'en vont tous à la queue leu leu
80 Ma migraine pieuse a coiffé sa cucuphe[2]

 Car toutes sont venues m'avouer leurs péchés
 Et Seigneur je suis saint par le vœu des amantes
 Zélotide et Lorie Louise et Diamante
 Ont dit Tu peux savoir ô toi l'effarouché

 Ermite absous[3] nos fautes jamais vénielles[4]
 Ô toi le pur et le contrit[5] que nous aimons
 Sache nos cœurs sache les jeux que nous aimons
 Et nos baisers quintessenciés comme du miel

 Et j'absous les aveux pourpres comme leur sang
90 Des poétesses nues des fées des formarines[6]
 Aucun pauvre désir ne gonfle ma poitrine
 Lorsque je vois le soir les couples s'enlaçant

1. Qui a le teint frais, blanc et rose, d'une poupée.
2. Bonnet à double fond dans lequel on plaçait des médicaments.
3. Pardonne.
4. Pardonnables.
5. Repentant.
6. Boulangères. On peut aussi entendre « maîtresses », d'après le nom de la célèbre maîtresse du peintre Raphaël, la Fornarina, surnommée ainsi parce que son père était boulanger.

Car je ne veux plus rien sinon laisser se clore
Mes yeux couple lassé au verger pantelant
Plein du râle pompeux des groseilliers sanglants
Et de la sainte cruauté des passiflores[7]

Automne

Dans le brouillard s'en vont un paysan cagneux[8]
Et son bœuf lentement dans le brouillard d'automne
Qui cache les hameaux pauvres et vergogneux[9]

Et s'en allant là-bas le paysan chantonne
Une chanson d'amour et d'infidélité
Qui parle d'une bague et d'un cœur que l'on brise

Oh ! l'automne l'automne a fait mourir l'été
Dans le brouillard s'en vont deux silhouettes grises

Alfred Sisley (1839-1899), *Un Coin de bois aux Sablons*,
huile sur toile, 1883, musée d'Orsay, Paris.

7. Fleurs de la passion. Elles sont nommées ainsi parce qu'elles évoquent la passion du Christ : leurs pistils ressemblent aux clous de la crucifixion, et leurs pétales pointus rappellent les lances des soldats.
8. Qui a les genoux tournés en dedans.
9. Honteux.

L'émigrant de Landor Road

À André Billy[1].

Le chapeau à la main il entra du pied droit
Chez un tailleur très chic et fournisseur du roi
Ce commerçant venait de couper quelques têtes
De mannequins vêtus comme il faut qu'on se vête

La foule en tous sens remuait en mêlant
Des ombres sans amour qui se traînaient par terre
Et des mains vers le ciel plein de lacs de lumière
S'envolaient quelquefois comme des oiseaux blancs

 Mon bateau partira demain pour l'Amérique
 Et je ne reviendrai jamais
Avec l'argent gardé dans les prairies lyriques
Guider mon ombre aveugle en ces rues que j'aimais

Car revenir c'est bon pour un soldat des Indes
Les boursiers ont vendu tous mes crachats d'or fin
Mais habillé de neuf je veux dormir enfin
Sous des arbres pleins d'oiseaux muets et de singes

Les mannequins pour lui s'étant déshabillés
Battirent leurs habits puis les lui essayèrent
Le vêtement d'un lord mort sans avoir payé
Au rabais l'habilla comme un millionnaire

[1]. Écrivain (1882-1971), proche d'Apollinaire.

Landor Road

Il s'agit de la rue où Annie Playden habitait à Londres. Apollinaire s'y rend en 1903 puis en 1904 pour tenter, en vain, de la reconquérir. Le départ pour l'Amérique raconté dans ce poème évoque celui d'Annie Playden pour les États-Unis en 1904. Mais les références plus anciennes pourraient rappeler les ruées vers l'or : on peut alors penser à un jeu de mot sur le nom de la rue, land-or, la terre d'or.

L'émigrant de Landor Road

 Au dehors les années
 Regardaient la vitrine
 Les mannequins victimes
 Et passaient enchaînées

Intercalées dans l'an c'étaient les journées neuves
Les vendredis sanglants et lents d'enterrements
De blancs et de tout noirs vaincus des cieux qui pleuvent
Quand la femme du diable a battu son amant

Puis dans un port d'automne aux feuilles indécises
Quand les mains de la foule y feuillolaient aussi
Sur le pont du vaisseau il posa sa valise
 Et s'assit

Les vents de l'Océan en soufflant leurs menaces
Laissaient dans ses cheveux de longs baisers mouillés
Des émigrants tendaient vers le port leurs mains lasses
Et d'autres en pleurant s'étaient agenouillés

Il regarda longtemps les rives qui moururent
Seuls des bateaux d'enfants tremblaient à l'horizon
Un tout petit bouquet flottant à l'aventure
Couvrit l'Océan d'une immense floraison

Il aurait voulu ce bouquet comme la gloire
Jouer dans d'autres mers parmi tous les dauphins
 Et l'on tissait dans sa mémoire
 Une tapisserie sans fin
 Qui figurait son histoire

 Mais pour noyer changées en poux
Ces tisseuses têtues qui sans cesse interrogent
 Il se maria comme un doge[2]

2. Le « mariage avec la mer » symbolise la domination de Venise sur les eaux et se manifeste par le lancer d'un anneau d'or dans l'Adriatique. Ce rituel est effectué par le doge de Venise.

L'émigrant de Landor Road

Aux cris d'une sirène moderne sans époux

50 Gonfle-toi vers la nuit Ô Mer Les yeux des squales[1]
 Jusqu'à l'aube ont guetté de loin avidement
 Des cadavres de jours rongés par les étoiles
 Parmi le bruit des flots et des derniers serments

Odilon Redon (1840-1916), *Flower Clouds*, 1903, Art Institute of Chicago.

1. Espèces de requin.

Explication de texte 4

« L'émigrant de Landor Road », ➔ p. 82 à 84

Rêve d'un ailleurs fécond ou voyage dangereux ?

SITUER

1. Relisez le texte, en distinguant les passages écrits à la 3e personne et ceux écrits à la 1re personne.
2. Quelles strophes évoquent la vie à Londres ? Lesquelles, au contraire, évoquent le voyage ?

EXPLIQUER

La lassitude de la vie londonienne ➔ v. 1 à 8

3. Quels éléments du paysage londonien frappent le poète ?
4. Comment s'opposent, dans ces deux strophes, la tristesse de la vie citadine et l'envie d'un ailleurs plus fécond ?

Le monologue intérieur* du poète ➔ v. 9 à 16

5. Quels éléments de versification mettent en valeur cette rupture ?
6. Relevez le thème de l'argent dans ces deux strophes. D'où viennent ces revenus ? Qui est donc le « je » qui parle ici ?
7. Que représente l'Amérique dans ce poème ?

Les images de la fuite du temps ➔ v. 17 à 32

8. Relevez l'expression du temps. À quel autre thème est-il associé ?

Du rêve à l'angoisse ➔ v. 33 à 53

9. Cherchez les références à la mythologie. Quel est leur rôle ici ?
10. Quelles images montrent la nostalgie et la solitude de l'émigrant ? Lesquelles évoquent les dangers et la mort ?

CONCLURE

11. Pour conclure, expliquez pourquoi ce voyage en Amérique peut être lu comme le voyage d'une vie.

ÉTUDE DE LA LANGUE

- Vers 41-42 : après avoir rétabli la ponctuation de ces deux vers, vous expliquerez la forme verbale « *Il aurait voulu* ».

Rosemonde

À André Derain[1].

Longtemps au pied du perron de
La maison où entra la dame
Que j'avais suivie pendant deux
Bonnes heures à Amsterdam
Mes doigts jetèrent des baisers

Mais le canal était désert
Le quai aussi et nul ne vit
Comment mes baisers retrouvèrent
Celle à qui j'ai donné ma vie
10　Un jour pendant plus de deux heures

Je la surnommai Rosemonde
Voulant pouvoir me rappeler
Sa bouche[2] fleurie en Hollande
Puis lentement je m'en allai
Pour quêter la Rose du Monde

1. Peintre (1880-1954), l'un des fondateurs du fauvisme. Il a illustré *L'Enchanteur pourrissant* d'Apollinaire.
2. « Bouche » se dit *mond* en néerlandais.

Rosemonde

Différentes hypothèses ont été avancées pour identifier Rosemonde : c'est le nom d'une princesse du VIe siècle, qui, contrainte d'épouser un prince lombard, le fit tuer par son amant, avant de s'empoisonner avec ce dernier ; ce peut être aussi la Belle Rosemonde, maîtresse du roi Henri II d'Angleterre (1154-1189). Mais surtout, le poète joue au fil du texte sur les autres significations possibles du prénom, de la Rose du monde à *Rose-Mond*, la « bouche fleurie » en hollandais.

Le brasier

À Paul-Napoléon Roinard[3].

J'ai jeté dans le noble feu
Que je transporte et que j'adore
De vives mains et même feu
Ce Passé ces têtes de morts
Flamme je fais ce que tu veux

Le galop soudain des étoiles
N'étant que ce qui deviendra
Se mêle au hennissement mâle
Des centaures[4] dans leurs haras
Et des grand'plaintes végétales

Où sont ces têtes que j'avais
Où est le Dieu de ma jeunesse
L'amour est devenu mauvais
Qu'au brasier les flammes renaissent
Mon âme au soleil se dévêt

Dans la plaine ont poussé des flammes
Nos cœurs pendent aux citronniers
Les têtes coupées qui m'acclament
Et les astres qui ont saigné
Ne sont que des têtes de femmes

3. Peintre et poète libertaire (1856-1930).
4. Créatures mythologiques, mi-hommes, mi-chevaux.

La mort d'Hercule

Déjanire, la femme d'Hercule, inquiète des aventures de son mari, lui offre une tunique trempée dans le sang du centaure Nessus, dont elle pense que c'est un philtre d'amour. Las, le centaure a menti pour se venger d'Hercule : son sang est un poison qui ronge le héros dès qu'il enfile le vêtement. Désespérée, Déjanire se donne la mort, et Hercule fait construire un bûcher où il veut s'immoler. Il est à ce moment précis métamorphosé en un dieu.

Le brasier

Le fleuve épinglé sur la ville
T'y fixe comme un vêtement
Partant à l'amphion[1] docile
Tu subis tous les tons charmants
Qui rendent les pierres agiles

« Je flambe dans le brasier... »

Je flambe dans le brasier à l'ardeur adorable
Et les mains des croyants m'y rejettent multiple
 innombrablement
Les membres des intercis[2] flambent auprès de moi
Éloignez du brasier les ossements
Je suffis pour l'éternité à entretenir le feu de mes délices
Et des oiseaux protègent de leurs ailes ma face et le soleil

Ô Mémoire Combien de races qui forlignent[3]
Des Tyndarides[4] aux vipères ardentes de mon bonheur
Et les serpents ne sont-ils que les cous des cygnes
Qui étaient immortels et n'étaient pas chanteurs[5]
Voici ma vie renouvelée
De grands vaisseaux passent et repassent
Je trempe une fois encore mes mains dans l'Océan

Voici le paquebot et ma vie renouvelée
Ses flammes sont immenses
Il n'y a plus rien de commun entre moi
Et ceux qui craignent les brûlures

1. Par le pouvoir de sa musique, ce héros mythologique, fils de Zeus et d'Antiope, faisait se mouvoir les pierres, si bien qu'il édifia les murs de Thèbes au seul son de sa lyre.
2. Mis en pièces.
3. Commettent une action indigne de la vertu de ses aïeux (étymologiquement, « sortir de la lignée »).
4. Castor, Pollux, Hélène et Clytemnestre. Ils sont, selon les légendes, soit les enfants de Tyndare et de Léda, soit les enfants de Zeus et de Léda. Dans cette version, Zeus enfante Léda après s'être métamorphosé en cygne.
5. La légende dit que les cygnes ne chantent qu'au moment de mourir. Mais le cygne étant Zeus, il ne peut pas chanter puisqu'il est immortel.

Le brasier

« Descendant des hauteurs... »

Descendant des hauteurs où pense la lumière
Jardins rouant[6] plus haut que tous les ciels mobiles
L'avenir masqué flambe en traversant les cieux

Nous attendons ton bon plaisir ô mon amie

J'ose à peine regarder la divine mascarade[7]

Quand bleuira sur l'horizon la Désirade

Au-delà de notre atmosphère s'élève un théâtre
Que construisit le ver Zamir[8] sans instrument
Puis le soleil revint ensoleiller les places
D'une ville marine apparue contremont[9]
Sur les toits se reposaient les colombes basses

Et le troupeau de sphinx regagne la sphingerie[10]
À petits pas Il orra[11] le chant du pâtre toute la vie
Là-haut le théâtre est bâti avec le feu solide
Comme les astres dont se nourrit le vide

 Et voici le spectacle
Et pour toujours je suis assis dans un fauteuil
Ma tête mes genoux mes coudes vain pentacle[12]
Les flammes ont poussé sur moi comme des feuilles

6. Du latin *rotare*, « tourner » : « faisant la roue ».
7. Allusion à *La Divine Comédie* de Dante.
8. Salomon se serait servi de lui pour construire son temple
à Jérusalem sans avoir recours au fer, matériau guerrier donc impur.
9. Vers le haut.
10. Lieu où se rassemblent les sphinx (néologisme d'Apollinaire).
11. Entendra (futur du verbe *ouïr*)
12. Étoile à cinq branches, souvent accompagnée d'inscriptions ésotériques, qui figure une représentation parfaite de l'univers.

Rhénanes

Des acteurs inhumains claires bêtes nouvelles
Donnent des ordres aux hommes apprivoisés
 Terre
Ô Déchirée que les fleuves ont reprisée

J'aimerais mieux nuit et jour dans les sphingeries
Vouloir savoir pour qu'enfin on m'y dévorât

Rhénanes

Nuit rhénane

Mon verre est plein d'un vin trembleur comme une flamme
Écoutez la chanson lente d'un batelier
Qui raconte avoir vu sous la lune sept femmes[1]
Tordre leurs cheveux verts[2] et longs jusqu'à leurs pieds

Debout chantez plus haut en dansant une ronde
Que je n'entende plus le chant du batelier
Et mettez près de moi toutes les filles blondes
Au regard immobile aux nattes repliées

[1]. Ces femmes sont sans doute les « Filles du Rhin », ondines de la mythologie nordique qui gardent, sur ordre de leur père, le Rhin et l'or qu'il a caché au fond de ce fleuve.

[2]. Couleur attribuée par les Latins aux cheveux des divinités des mers et des fleuves.

La poésie du Rhin

Ces poèmes rhénans, c'est-à-dire inspirés par le Rhin, sa région, sa culture et ses légendes, correspondent pour la plupart à la période de 1901-1902 où Apollinaire était précepteur (professeur particulier) en Allemagne. Le titre de cette section peut renvoyer à la tradition allemande des chants populaires, où le poète retrouve une poésie simple et vraie.

Rhénanes

Le Rhin le Rhin est ivre où les vignes se mirent
10 Tout l'or des nuits tombe en tremblant s'y refléter
La voix chante toujours à en râle-mourir[3]
Ces fées aux cheveux verts qui incantent[4] l'été

Mon verre s'est brisé comme un éclat de rire

Bateliers des bords du Rhin, gravure de 1889, BNU de Strabourg.

3. Néologisme d'Apollinaire, qui associe le râle (bruit de jouissance ou d'agonie) et la mort.
4. Enchantent.

Explication de texte 5

« Nuit rhénane », p. 90-91

L'ivresse, source de création poétique ?

SITUER

1. À quelle période de la vie d'Apollinaire de la section « Rhénanes » fait-elle référence ?
2. Pourquoi peut-on parler d'une structure en boucle* du poème ?

EXPLIQUER

La chanson du batelier v. 1 à 4

3. Comment comprenez-vous la comparaison du premier vers ?
4. Qui sont les différents conteurs de ce poème ?
5. Comment le lecteur est-il projeté dans un imaginaire mythologique ?

Une superposition de chants v. 5 à 8

6. À qui s'adresse le poète dans le vers 5 ? Que demande-t-il ?
7. Quelles différences voyez-vous entre les « *femmes* » décrites dans la première strophe et les « *filles* » de la seconde ?

L'ivresse poétique v. 9 à 13

8. Pourquoi le poète peut-il dire que « *le Rhin est ivre* » ?
9. Dans les vers 11 et 12, comment la chanson du batelier prend-elle un aspect plus sombre, plus menaçant ?
10. Quels jeux de mots peut-on faire à partir du substantif « *verre* » ? Quels sens peut alors prendre le dernier vers du poème ?

CONCLURE

11. En quoi les choix poétiques montrent-ils une volonté de renouveler le lyrisme poétique ? (Aidez-vous du parcours associé, p. 144.)

ÉTUDE DE LA LANGUE

- Vers 5-6 : quelles sont la nature et la fonction du mot « que » dans cette phrase ?

Mai

Le mai le joli mai en barque sur le Rhin
Des dames regardaient du haut de la montagne
Vous êtes si jolies mais la barque s'éloigne
Qui donc a fait pleurer les saules riverains ?

Or des vergers fleuris se figeaient en arrière
Les pétales tombés des cerisiers de mai
Sont les ongles de celle que j'ai tant aimée
Les pétales flétris sont comme ses paupières

Sur le chemin du bord du fleuve lentement
Un ours un singe un chien menés par des tziganes
Suivaient une roulotte traînée par un âne
Tandis que s'éloignait dans les vignes rhénanes
Sur un fifre[1] lointain un air de régiment

Le mai le joli mai a paré les ruines
De lierre de vigne vierge et de rosiers
Le vent du Rhin secoue sur le bord les osiers
Et les roseaux jaseurs et les fleurs nues des vignes

1. Petite flûte de bois sur laquelle on jouait les musiques militaires.

Rhénanes

La synagogue

Ottomar Scholem et Abraham Loeweren
Coiffés de feutres verts le matin du sabbat
Vont à la synagogue en longeant le Rhin
Et les coteaux où les vignes rougissent là-bas

Ils se disputent et crient des choses qu'on ose à peine traduire
Bâtard conçu pendant les règles ou Que le diable entre dans
 ton père
Le vieux Rhin soulève sa face ruisselante et se détourne
 pour sourire
Ottomar Scholem et Abraham Loeweren sont en colère[1]

Parce que pendant le sabbat on ne doit pas fumer[2]
Tandis que les chrétiens passent avec des cigares allumés
Et parce qu'Ottomar et Abraham aiment tous deux
Lia aux yeux de brebis et dont le ventre avance un peu

Pourtant tout à l'heure dans la synagogue l'un après l'autre
Ils baiseront la thora[3] en soulevant leur beau chapeau
Parmi les feuillards de la fête des cabanes
Ottomar en chantant sourira à Abraham

1. Ces deux Juifs rhénans se rendent à la synagogue un jour de Sabbat, jour de repos dans le judaïsme. Ils devraient être en paix, or ils sont jaloux et en colère.
2. Produire une étincelle revient à créer. Or, on ne crée rien le jour du Sabbat selon la tradition juive.
3. Loi de Moïse, dictée par Dieu sur le mont Sinaï. Ici, par métonymie, le nom désigne le livre lui-même, qui comprend les cinq premiers livres de l'*Ancien Testament*.

Souccot

Ce poème évoque la fête juive de Souccot, ou « fête des cabanes », qui célèbre l'aide divine obtenue pendant l'Exode. Pour cette commémoration, les Juifs prennent leurs repas dans une cabane en bois souvent ornées de feuilles, et doivent apporter à la synagogue les « quatre espèces », bouquet composé de branches de cédrat, de dattier (le « loubalim » du poème), de myrte et de saule.

Rhénanes

Ils déchanteront sans mesure et les voix graves des hommes
Feront gémir un Léviathan[4] au fond du Rhin comme
 une voix d'automne
Et dans la synagogue pleine de chapeaux on agitera
 les loulabim
20 *Hanoten ne Kamoth bagoim tholahoth baleoumim*[5]

Les cloches

Mon beau tzigane mon amant
Écoute les cloches qui sonnent
Nous nous aimions éperdument
Croyant n'être vus de personne

Mais nous étions bien mal cachés
Toutes les cloches à la ronde
Nous ont vus du haut des clochers
Et le disent à tout le monde

Demain Cyprien et Henri
10 Marie Ursule et Catherine
La boulangère[6] et son mari
Et puis Gertrude ma cousine

Souriront quand je passerai
Je ne saurai plus où me mettre
Tu seras loin Je pleurerai
J'en mourrai peut-être

4. Monstre des eaux, qui, dans la Bible, symbolise le Démon.
5. Ici, Apollinaire a mélangé deux versets. On peut en donner cette traduction : « celui qui exerce des vengeances parmi les nations, des châtiments parmi les peuples ».
6. On retrouve ici la figure de la « boulangère », femme réputée infidèle.

Rhénanes

La Loreley

À Jean Sève[1].

À Bacharach[2] il y avait une sorcière blonde
Qui laissait mourir d'amour tous les hommes à la ronde

Devant son tribunal l'évêque la fit citer
D'avance il l'absolvit[3] à cause de sa beauté

Ô belle Loreley aux yeux pleins de pierreries
De quel magicien tiens-tu ta sorcellerie

Je suis lasse de vivre et mes yeux sont maudits
Ceux qui m'ont regardée évêque en ont péri

Mes yeux ce sont des flammes et non des pierreries
10 Jetez jetez aux flammes cette sorcellerie

Je flambe dans ces flammes ô belle Loreley
Qu'un autre te condamne tu m'as ensorcelé

Évêque vous riez Priez plutôt pour moi la Vierge
Faites-moi donc mourir et que Dieu vous protège

Mon amant est parti pour un pays lointain
Faites-moi donc mourir puisque je n'aime rien

Mon cœur me fait si mal il faut bien que je meure
Si je me regardais il faudrait que j'en meure

1. Journaliste, ancien condisciple d'Apollinaire au lycée Stanislas à Cannes, il finançait de jeunes revues.
2. Localité des bords du Rhin.
3. Passé simple incorrect du verbe *absoudre*.

Loreley

Comme les sirènes de l'*Odyssée* d'Homère, cette nymphe des légendes germaniques attire les navigateurs par son chant envoûtant, et les fait chavirer dans les courants du Rhin ou des étangs. Elle fait partie des nixes du folklore germanique.

Rhénanes

Mon cœur me fait si mal depuis qu'il n'est plus là
Mon cœur me fit si mal du jour où il s'en alla

L'évêque fit venir trois chevaliers avec leurs lances
Menez jusqu'au couvent cette femme en démence

Va-t'en Lore en folie va Lore aux yeux tremblants
Tu seras une nonne vêtue de noir et blanc

Puis ils s'en allèrent sur la route tous les quatre
La Loreley les implorait et ses yeux brillaient comme des astres

Chevaliers laissez-moi monter sur ce rocher si haut[4]
Pour voir une fois encore mon beau château

Pour me mirer une fois encore dans le fleuve
Puis j'irai au couvent des vierges et des veuves

Là-haut le vent tordait ses cheveux déroulés
Les chevaliers criaient Loreley Loreley

Tout là-bas sur le Rhin s'en vient une nacelle
Et mon amant s'y tient il m'a vue il m'appelle

Mon cœur devient si doux c'est mon amant qui vient
Elle se penche alors et tombe dans le Rhin

Pour avoir vu dans l'eau la belle Loreley
Ses yeux couleur du Rhin ses cheveux de soleil

4. Loreley est aussi le nom d'un rocher de 132 mètres situé
en Allemagne, à l'endroit où le cours du Rhin est le plus étroit,
et qui a causé nombre de naufrages. La légende place la nymphe Loreley
sur ce rocher, et la rend responsable de tous ces accidents de navigation.

Rhénanes

Schinderhannes

À Marius-Ary Leblond[1].

Dans la forêt avec sa bande
Schinderhannes s'est désarmé
Le brigand près de sa brigande
Hennit d'amour au joli mai

Benzel accroupi lit la Bible
Sans voir que son chapeau pointu
À plume d'aigle sert de cible
À Jacob Born le mal foutu

Juliette Blaesius qui rote
10 Fait semblant d'avoir le hoquet
Hannes pousse une fausse note
Quand Schulz vient portant un baquet

Et s'écrie en versant des larmes
Baquet plein de vin parfumé
Viennent aujourd'hui les gendarmes
Nous aurons bu le vin de mai

1. Nom de plume de deux écrivains et critiques d'art réunionnais, Georges Athénas et Aimé Merlo. Leur première revue, *La Grande France*, paraît de 1900 à 1903 et accueille des poèmes d'Apollinaire sous son nom polonais.

Un brigand

Schinderhannes est le surnom d'un brigand allemand, Johannes Bückler (1778-1803), devenu héros du folklore populaire. Ce surnom, construit à partir de *Schinder* qui renvoie à son métier d'origine (équarrisseur), et *hannes* qui évoque son prénom Johannes, signifie en français « Jean l'Écorcheur ». Il fut exécuté à Mayence en 1803 par les soldats napoléoniens. Juliette Blaesius était sa maîtresse, Benzel, Jacob Born, Schulz, Hannes, ses hommes de main.

Rhénanes

Allons Julia la mam'zelle
Bois avec nous ce clair bouillon
D'herbes et de vin de Moselle
Prosit[2] Bandit en cotillon

Cette brigade est bientôt soûle
Et veut Hannes qui n'en veut pas
Pas d'amour maintenant ma poule
Sers-nous un bon petit repas

Il faut ce soir que j'assassine
Ce riche juif au bord du Rhin
Au clair des torches de résine
La fleur de mai c'est le florin[3]

On mange alors toute la bande
Pète et rit pendant le dîner
Puis s'attendrit à l'allemande
Avant d'aller assassiner

Rhénane d'automne

À Toussaint-Luca[4].

Les enfants des morts vont jouer
Dans le cimetière
Martin Gertrude Hans et Henri
Nul coq n'a chanté aujourd'hui
Kikiriki[5]

2. Interjection d'origine latine signifiant « à votre santé », utilisée en allemand pour trinquer.
3. Nom de différentes monnaies européennes initialement frappées en or.
4. Ami d'Apollinaire, rencontré au lycée de Nice.
5. Cocorico en allemand.

Rhénanes

 Les vieilles femmes
 Tout en pleurant cheminent
 Et les bons ânes
 Braillent hi han et se mettent à brouter les fleurs
 Des couronnes mortuaires

 C'est le jour des morts et de toutes leurs âmes
 Les enfants et les vieilles femmes
 Allument des bougies et des cierges
 Sur chaque tombe catholique
 Les voiles des vieilles
 Les nuages du ciel
 Sont comme des barbes de biques

 L'air tremble de flammes et de prières

 Le cimetière est un beau jardin
 Plein de saules gris et de romarins
 Il vous vient souvent des amis qu'on enterre
 Ah ! que vous êtes bien dans le beau cimetière
 Vous mendiants morts saouls de bière
 Vous les aveugles comme le destin
 Et vous petits enfants morts en prière

 Ah ! que vous êtes bien dans le beau cimetière
 Vous bourgmestres[1] vous bateliers
 Et vous conseillers de régence
 Vous aussi tziganes sans papiers
 La vie vous pourrit dans la panse
 La croix vous pousse entre les pieds

 Le vent du Rhin ulule avec tous les hiboux
 Il éteint les cierges que toujours les enfants rallument
 Et les feuilles mortes
 Viennent couvrir les morts

[1]. Équivalent allemand du maire.

Rhénanes

Des enfants morts parlent parfois avec leur mère
Et des mortes parfois voudraient bien revenir

Oh ! je ne veux pas que tu sortes
L'automne est plein de mains coupées
Non non ce sont des feuilles mortes
Ce sont les mains des chères mortes
Ce sont tes mains coupées

Nous avons tant pleuré aujourd'hui
Avec ces morts leurs enfants et les vieilles femmes
Sous le ciel sans soleil
Au cimetière plein de flammes

Puis dans le vent nous nous en retournâmes

À nos pieds roulaient des châtaignes
Dont les bogues étaient
Comme le coeur blessé de la madone[2]
Dont on doute si elle eut la peau
Couleur des châtaignes d'automne

Les sapins

Les sapins en bonnets pointus
De longues robes revêtus
 Comme des astrologues
Saluent leurs frères abattus
Les bateaux qui sur le Rhin voguent

2. La Vierge Marie.

Rhénanes

Dans les sept arts endoctrinés[1]
Par les vieux sapins leurs aînés
 Qui sont de grands poètes
Ils se savent prédestinés
À briller plus que des planètes

À briller doucement changés
En étoiles et enneigés
 Aux Noëls bienheureuses
Fêtes des sapins ensongés[2]
Aux longues branches langoureuses

Les sapins beaux musiciens
Chantent des noëls anciens
 Au vent des soirs d'automne
Ou bien graves magiciens
Incantent le ciel quand il tonne

Des rangées de blancs chérubins
Remplacent l'hiver les sapins
 Et balancent leurs ailes
L'été ce sont de grands rabbins
Ou bien de vieilles demoiselles

Sapins médecins divagants
Ils vont offrant leurs bons onguents[3]
 Quand la montagne accouche
De temps en temps sous l'ouragan
Un vieux sapin geint et se couche

[1]. Les sept arts libéraux forment le socle des enseignements de l'Antiquité au Moyen Âge. Le *trivium* (apprentissage de la langue) réunit la grammaire, la rhétorique et la dialectique, et le *quadrivium* (pouvoir des nombres) comprend l'arithmétique, la géométrie, l'astronomie et la musique.
[2]. Néologisme d'Apollinaire, formé sur le même modèle qu'« ensommeillés ».
[3]. Pommades.

Les femmes[4]

Dans la maison du vigneron les femmes cousent
Lenchen remplis le poêle et mets l'eau du café
Dessus – Le chat s'étire après s'être chauffé
– Gertrude et son voisin Martin enfin s'épousent

Le rossignol aveugle[5] essaya de chanter
Mais l'effraie[6] ululant il trembla dans sa cage
Ce cyprès là-bas a l'air du pape en voyage
Sous la neige – Le facteur vient de s'arrêter

Pour causer avec le nouveau maître d'école
– Cet hiver est très froid le vin sera très bon
– Le sacristain sourd et boiteux est moribond
– La fille du vieux bourgmestre brode une étole

Pour la fête du curé La forêt là-bas
Grâce au vent chantait à voix grave de grand orgue
Le songe Herr Traum survint avec sa soeur Frau Sorge[7]
Kaethi tu n'as pas bien raccommodé ces bas

– Apporte le café le beurre et les tartines
La marmelade le saindoux[8] *un pot de lait*
– Encore un peu de café Lenchen s'il te plaît
– On dirait que le vent dit des phrases latines

– Encore un peu de café Lenchen s'il te plaît
– Lotte es-tu triste Ô petit cœur – Je crois qu'elle aime
– Dieu garde – Pour ma part je n'aime que moi-même
– Chut À présent grand-mère dit son chapelet

4. Ce poème est l'un des premiers poèmes-conversations d'Apollinaire.
5. Un ancien traité sur les rossignols conseille de les aveugler pour améliorer leur chant. On peut également y lire une référence à un poème de Marceline Desbordes-Valmore, « Le rossignol aveugle ».
6. Espèce de chouette appelée également dame blanche.
7. En allemand, « monsieur Songe » et « madame Souci ».
8. Graisse de porc fondue.

Signe

> *– Il me faut du sucre candi Leni je tousse*
> *– Pierre mène son furet chasser les lapins*
> Le vent faisait danser en rond tous les sapins
> *Lotte l'amour rend triste – Ilse la vie est douce*
>
> La nuit tombait Les vignobles aux ceps tordus
> Devenaient dans l'obscurité des ossuaires
> En neige et repliés gisaient là des suaires
> Et des chiens aboyaient aux passants morfondus
>
> *Il est mort écoutez* La cloche de l'église
> Sonnait tout doucement la mort du sacristain
> *Lise il faut attiser le poêle qui s'éteint*
> Les femmes se signaient dans la nuit indécise

Septembre 1901-mai 1902.

Signe

Je suis soumis au Chef du Signe de l'Automne
Partant j'aime les fruits je déteste les fleurs
Je regrette chacun des baisers que je donne
Tel un noyer gaulé[1] dit au vent ses douleurs

Mon Automne éternelle ô ma saison mentale
Les mains des amantes d'antan jonchent ton sol
Une épouse me suit c'est mon ombre fatale
Les colombes ce soir prennent leur dernier vol

1. Dont on a fait tomber les noix à l'aide d'une gaule, une longue perche.

Un soir

Un aigle descendit de ce ciel blanc d'archanges[2]
 Et vous soutenez-moi
Laisserez-vous trembler longtemps toutes ces lampes
 Priez priez pour moi

La ville est métallique et c'est la seule étoile
 Noyée dans tes yeux bleus
Quand les tramways roulaient jaillissaient des feux pâles
 Sur des oiseaux galeux

Et tout ce qui tremblait dans tes yeux de mes songes
 Qu'un seul homme buvait
Sous les feux de gaz roux comme la fausse oronge[3]
 Ô vêtue ton bras se lovait

Vois l'histrion[4] tire la langue aux attentives[5]
 Un fantôme s'est suicidé
L'apôtre au figuier pend et lentement salive[6]
 Jouons donc cet amour aux dés

Des cloches aux sons clairs annonçaient ta naissance
 Vois
Les chemins sont fleuris et les palmes s'avancent
 Vers toi

2. Catégorie d'anges supérieurs.
3. Champignon vénéneux.
4. Mauvais comédien.
5. Les amoureuses, ici plutôt les prostituées qui attendent les clients.
6. Allusion au suicide par pendaison de Judas, le disciple qui avait livré le Christ. L'évocation du jeu de dés au vers suivant peut rappeler le fait que les soldats romains ont tiré au sort pour savoir qui emporterait la tunique du Christ.

La dame

Toc toc Il a fermé sa porte
Les lys du jardin sont flétris
Quel est donc ce mort qu'on emporte

Tu viens de toquer à sa porte
Et trotte trotte
Trotte la petite souris

Les fiançailles

À Picasso.

Le printemps laisse errer les fiancés parjures
Et laisse feuilloler[1] longtemps les plumes bleues
Que secoue le cyprès où niche l'oiseau bleu

Une Madone à l'aube a pris les églantines
Elle viendra demain cueillir les giroflées
Pour mettre aux nids des colombes qu'elle destine
Au pigeon qui ce soir semblait le Paraclet[2]

Au petit bois de citronniers s'énamourèrent
D'amour que nous aimons les dernières venues
10 Les villages lointains sont comme les paupières
Et parmi les citrons leurs cœurs sont suspendus

1. Se garnir de feuilles (archaïsme).
2. Nom donné au Saint-Esprit.

Les fiançailles

«*Mes amis m'ont enfin avoué...*»

Mes amis m'ont enfin avoué leur mépris
Je buvais à pleins verres les étoiles
Un ange a exterminé pendant que je dormais
Les agneaux les pasteurs des tristes bergeries
De faux centurions emportaient le vinaigre[3]
Et les gueux mal blessés par l'épurge[4] dansaient
Étoiles de l'éveil je n'en connais aucune
Les becs de gaz pissaient leur flamme au clair de lune
Des croque-morts avec des bocks tintaient des glas
À la clarté des bougies tombaient vaille que vaille
Des faux cols sur les flots de jupes mal brossées
Des accouchées masquées fêtaient leurs relevailles[5]
La ville cette nuit semblait un archipel
Des femmes demandaient l'amour et la dulie[6]
Et sombre sombre fleuve je me rappelle
Les ombres qui passaient n'étaient jamais jolies

«*Je n'ai plus même pitié de moi...*»

Je n'ai plus même pitié de moi
Et ne puis exprimer mon tourment de silence
Tous les mots que j'avais à dire se sont changés en étoiles
Un Icare tente de s'élever jusqu'à chacun de mes yeux

3. Dans le *Nouveau Testament* un centurion, soldat de la garde romaine, tend au Christ crucifié une éponge imbibée de vinaigre pour étancher sa soif.

4. L'euphorbe, plante toxique, urticante. Les mendiants s'en servaient pour se provoquer de fausses plaies, suscitant ainsi plus de pitié de la part des passants.

5. Cérémonies de purification pour des femmes qui retournent à l'Église pour la première fois après l'accouchement.

6. Culte rendu aux saints et aux anges.

Icare

Dans la mythologie grecque, Icare est le fils de Dédale, célèbre architecte du labyrinthe dans lequel le Minotaure est enfermé. Dédale et Icare, pour s'échapper de ce même labyrinthe, se construisent des ailes à l'aide de plumes d'oiseau et de cire et réussissent à s'envoler. Négligeant les conseils de son père, Icare s'approche trop près du Soleil qu'il veut contempler. La cire fond, ses ailes tombent, et il se noie dans la mer qui depuis porte son nom.

Alcools • **107**

Les fiançailles

Et porteur de soleils je brûle au centre de deux nébuleuses
Qu'ai-je fait aux bêtes théologales[1] de l'intelligence
Jadis les morts sont revenus pour m'adorer
Et j'espérais la fin du monde
Mais la mienne arrive en sifflant comme un ouragan

« J'ai eu le courage de regarder en arrière... »

J'ai eu le courage de regarder en arrière
Les cadavres de mes jours
Marquent ma route et je les pleure
Les uns pourrissent dans les églises italiennes
Ou bien dans de petits bois de citronniers
Qui fleurissent et fructifient
En même temps et en toute saison
D'autres jours ont pleuré avant de mourir dans des tavernes
Où d'ardents bouquets rouaient[2]
Aux yeux d'une mulâtresse[3] qui inventait la poésie
Et les roses de l'électricité s'ouvrent encore
Dans le jardin de ma mémoire

« Pardonnez-moi mon ignorance... »

Pardonnez-moi mon ignorance
Pardonnez-moi de ne plus connaître l'ancien jeu des vers
Je ne sais plus rien et j'aime uniquement
Les fleurs à mes yeux redeviennent des flammes
Je médite divinement
Et je souris des êtres que je n'ai pas créés
Mais si le temps venait où l'ombre enfin solide
Se multipliait en réalisant la diversité formelle de mon amour
J'admirerais mon ouvrage

1. Qui ont Dieu pour objet. **2.** Faisaient la roue. **3.** Métisse.

Les fiançailles

« J'observe le repos du dimanche... »

J'observe le repos du dimanche[4]
Et je loue la paresse
Comment comment réduire
L'infiniment petite science
Que m'imposent mes sens
L'un est pareil aux montagnes au ciel
Aux villes à mon amour
Il ressemble aux saisons
Il vit décapité sa tête est le soleil
Et la lune son cou tranché[5]
Je voudrais éprouver une ardeur infinie
Monstre de mon ouïe tu rugis et tu pleures
Le tonnerre te sert de chevelure
Et tes griffes répètent le chant des oiseaux
Le toucher monstrueux m'a pénétré m'empoisonne
Mes yeux nagent loin de moi
Et les astres intacts sont mes maîtres sans épreuve
La bête des fumées a la tête fleurie
Et le monstre le plus beau
Ayant la saveur du laurier se désole

« À la fin les mensonges... »

À la fin les mensonges ne me font plus peur
C'est la lune qui cuit comme un œuf sur le plat
Ce collier de gouttes d'eau va parer la noyée
Voici mon bouquet de fleurs de la Passion[6]
Qui offrent tendrement deux couronnes d'épines
Les rues sont mouillées de la pluie de naguère
Des anges diligents travaillent pour moi à la maison

[4]. Dans la Bible, le dimanche, septième et dernier jour de la création du monde, est le jour de repos du Seigneur.
[5]. Voir le dernier vers de « Zone », p. 18.
[6]. Fleurs appelées aussi « passiflores », voir « L'ermite », note 7 p. 81. »

Les fiançailles

La lune et la tristesse disparaîtront pendant
Toute la sainte journée
Toute la sainte journée j'ai marché en chantant
Une dame penchée à sa fenêtre m'a regardé longtemps
M'éloigner en chantant

« Au tournant d'une rue… »

Au tournant d'une rue je vis des matelots
Qui dansaient le cou nu au son d'un accordéon
J'ai tout donné au soleil
Tout sauf mon ombre

Les dragues[1] les ballots les sirènes mi-mortes
À l'horizon brumeux s'enfonçaient les trois-mâts
Les vents ont expiré couronnés d'anémones
Ô Vierge signe pur du troisième mois

« Templiers flamboyants… »

Templiers[2] flamboyants je brûle parmi vous
Prophétisons ensemble ô grand maître je suis
Le désirable feu qui pour vous se dévoue
Et la girande[3] tourne ô belle ô belle nuit

Liens déliés par une libre flamme Ardeur
Que mon souffle éteindra Ô Morts à quarantaine[4]
Je mire de ma mort la gloire et le malheur
Comme si je visais l'oiseau de la quintaine[5]

[1]. Navires de service utilisés pour désensabler les ports.
[2]. Ordre religieux et militaire, créé en 1129, qui participa aux croisades et fut dissout par le pape Clément V en 1312 suite à un procès pour hérésie. Beaucoup furent envoyés au bûcher.
[3]. Dans un feu d'artifices, gerbe de fusées volantes.
[4]. Mesure d'isolement lors des épidémies. Le terme peut également désigner ici les templiers morts sur le bûcher, puisqu'ils étaient trente-six, soit près de quarante.
[5]. Exercice à la lance qui prend pour cible un mannequin ou un oiseau.

Incertitude oiseau feint peint quand vous tombiez
Le soleil et l'amour dansaient dans le village
Et tes enfants galants bien ou mal habillés
Ont bâti ce bûcher le nid de mon courage

Clair de lune

Lune mellifluente[6] aux lèvres des déments
Les vergers et les bourgs cette nuit sont gourmands
Les astres assez bien figurent les abeilles
De ce miel lumineux qui dégoutte des treilles
Car voici que tout doux et leur tombant du ciel
Chaque rayon de lune est un rayon de miel
Or caché je conçois la très douce aventure
J'ai peur du dard de feu de cette abeille Arcture[7]
Qui posa dans mes mains des rayons décevants
Et prit son miel lunaire à la rose des vents

1909

La dame avait une robe
En ottoman[8] violine
Et sa tunique brodée d'or
Était composée de deux panneaux
S'attachant sur l'épaule[9]

Les yeux dansants comme des anges
Elle riait elle riait

6. Littéralement « qui coule comme le miel », et, par extension, qui est doux comme le miel.
7. Insecte volant d'Angleterre ou d'Amérique. En astronomie, c'est l'étoile la plus brillante de la constellation du Bouvier.
8. Étoffe de soie.
9. La description de la femme semble renvoyer à une gravure de mode.

1909

Elle avait un visage aux couleurs de France
Les yeux bleus les dents blanches et les lèvres très rouges
10 Elle avait un visage aux couleurs de France

Elle était décolletée en rond
Et coiffée à la Récamier[1]
Avec de beaux bras nus

N'entendra-t-on jamais sonner minuit

La dame en robe d'ottoman violine
Et en tunique brodée d'or
Décolletée en rond
Promenait ses boucles
Son bandeau d'or
20 Et traînait ses petits souliers à boucles

Paul Poiret, *Les Robes de Paul Poiret racontées par Paul Iribe*, 1908, Paris.

[1]. Coiffure courte faite de boucles souples retombant sur un large bandeau, suivant la mode lancée par Juliette Récamier, à l'époque du Directoire (1794-1799). Cette coiffure revient à la mode en France en 1908.

À la Santé

Elle était si belle
Que tu n'aurais pas osé l'aimer

J'aimais les femmes atroces dans les quartiers énormes
Où naissaient chaque jour quelques êtres nouveaux
Le fer était leur sang la flamme leur cerveau

J'aimais j'aimais le peuple habile des machines
Le luxe et la beauté ne sont que son écume
Cette femme était si belle
Qu'elle me faisait peur

À la Santé

I

Avant d'entrer dans ma cellule
Il a fallu me mettre nu
Et quelle voix sinistre ulule
Guillaume qu'es-tu devenu

Le Lazare[2] entrant dans la tombe
Au lieu d'en sortir comme il fit
Adieu adieu chantante ronde
Ô mes années ô jeunes filles

2. Dans l'Évangile selon Jean, le corps de Lazare, mort, est enfermé dans un tombeau. Après quatre jours, le Christ lui ordonne de se lever, ce qu'il fait.

En prison

En septembre 1911, Apollinaire est incarcéré à la Santé, prison parisienne. Il est soupçonné d'avoir participé au vol de la Joconde. Si les soupçons se portent sur Apollinaire, c'est que son secrétaire, Géry Piéret, a auparavant dérobé des statuettes au Louvre et qu'Apollinaire lui en a acheté une.

À la Santé

II

Non je ne me sens plus là
 Moi-même
Je suis le quinze de la
 Onzième

Le soleil filtre à travers
 Les vitres
Ses rayons font sur mes vers
 Les pitres

Et dansent sur le papier
 J'écoute
Quelqu'un qui frappe du pied
 La voûte

III

Dans une fosse comme un ours
Chaque matin je me promène
Tournons tournons tournons toujours
Le ciel est bleu comme une chaîne
Dans une fosse comme un ours
Chaque matin je me promène

Dans la cellule d'à côté
On y fait couler la fontaine
Avec les clefs qu'il fait tinter
Que le geôlier aille et revienne
Dans la cellule d'à côté
On y fait couler la fontaine

IV

Que je m'ennuie entre ces murs tout nus
 Et peints de couleurs pâles
Une mouche sur le papier à pas menus
 Parcourt mes lignes inégales

À la Santé

Que deviendrai-je ô Dieu qui connais ma douleur
 Toi qui me l'as donnée
Prends en pitié mes yeux sans larmes ma pâleur
 Le bruit de ma chaise enchaînée

Et tous ces pauvres cœurs battant dans la prison
 L'Amour qui m'accompagne
Prends en pitié surtout ma débile raison
 Et ce désespoir qui la gagne

V

Que lentement passent les heures
Comme passe un enterrement

Tu pleureras l'heure où tu pleures
Qui passera trop vitement
Comme passent toutes les heures

VI

J'écoute les bruits de la ville
Et prisonnier sans horizon
Je ne vois rien qu'un ciel hostile
Et les murs nus de ma prison

Le jour s'en va voici que brûle
Une lampe dans la prison
Nous sommes seuls dans ma cellule
Belle clarté Chère raison

Septembre 1911.

Explication de texte 6

« À la Santé »,
→ p. 113 à 115

Comment écrire l'épreuve de la prison ?

SITUER

1. À quel épisode précis de la vie de Guillaume Apollinaire ce poème fait-il référence ?

2. Lisez la première et la dernière section du poème puis relevez les indices temporels. Que semble décrire le poème tout entier ? Faites le même travail sur l'ensemble du texte. Cela confirme-t-il votre réponse précédente ?

EXPLIQUER

Le sentiment de la perte → sections I et II

3. Qu'est « devenu » le poète dès son arrivée dans la prison ?

4. Observez le rôle des éléments extérieurs. Qui est vivant ici ?

De la chanson à la prière → sections III et IV

5. Quels choix de versification donnent à la section III l'allure d'une ritournelle* ? Pourquoi le poète choisit-il ici ce rythme ?

6. Comment l'écriture poétique marque-t-elle le cycle infini de la vie en prison ?

7. Relevez les références précises au genre de la prière dans la section IV.

8. Quel portrait du poète pouvez-vous lire dans ces strophes ?

L'infinie solitude → sections V et VI

9. Comment la lenteur du temps qui passe est-elle mise en valeur dans la section V, dans les sonorités comme dans le lexique employé ?

10. Dans la section VI, quels sont les sens évoqués ? En quoi accroissent-ils la sensation de solitude ?

11. Le « Nous » du vers 56 semble annoncer enfin une compagnie. Quelle est-elle ? Réussit-elle à combler la solitude du prisonnier ?

CONCLURE

12 Observez dans le poème les références à l'écriture : la prison permet-elle la création poétique ?

ÉTUDE DE LA LANGUE

- Vers 3-4 : étudiez la construction des interrogatives dans ces deux vers.

ENQUÊTER

- On trouve, dans un poème de Paul Verlaine, les vers suivants :

« *Le ciel est, par-dessus le toit,*
Si bleu, si calme ! »

Recherchez ce poème, et montrez qu'Apollinaire peut s'en être inspiré pour le poème « À la Santé ».

Cellule de détenu de droit commun,
L'Illustration du 18 mars 1899.

Automne malade

Automne malade et adoré
Tu mourras quand l'ouragan soufflera dans les roseraies
Quand il aura neigé
Dans les vergers

Pauvre automne
Meurs en blancheur et en richesse
De neige et de fruits mûrs
Au fond du ciel
Des éperviers planent
Sur les nixes[1] nicettes[2] aux cheveux verts et naines
Qui n'ont jamais aimé

Aux lisières lointaines
Les cerfs ont bramé

Et que j'aime ô saison que j'aime tes rumeurs
Les fruits tombant sans qu'on les cueille
Le vent et la forêt qui pleurent
Toutes leurs larmes en automne feuille à feuille
 Les feuilles
 Qu'on foule
 Un train
 Qui roule
 La vie
 S'écoule

[1]. Nymphes des eaux dans la mythologie germanique.
[2]. Naïves.

Hôtels

La chambre est veuve
Chacun pour soi
Présence neuve
On paye au mois

Le patron doute
Payera-t-on
Je tourne en route
Comme un toton[3]

Le bruit des fiacres
Mon voisin laid
Qui fume un âcre
Tabac anglais

Ô La Vallière[4]
Qui boite et rit
De mes prières
Table de nuit

Et tous ensemble
Dans cet hôtel
Savons la langue
Comme à Babel[5]

Fermons nos portes
À double tour
Chacun apporte
Son seul amour

[3]. Toupie.
[4]. Maîtresse de Louis XIV, qui était boiteuse.
[5]. Dans la Bible, après le Déluge, les premiers hommes entreprennent la construction d'une tour qui doit toucher le ciel, mais Dieu fait échouer le projet en introduisant la confusion des langues.

Cors de chasse

Notre histoire est noble et tragique
Comme le masque d'un tyran
Nul drame hasardeux ou magique
Aucun détail indifférent
Ne rend notre amour pathétique

Et Thomas de Quincey[1] buvant
L'opium poison doux et chaste
À sa pauvre Anne allait rêvant
Passons passons puisque tout passe
Je me retournerai souvent

Les souvenirs sont cors de chasse
Dont meurt le bruit parmi le vent[2]

Vendémiaire

Hommes de l'avenir souvenez-vous de moi
Je vivais à l'époque où finissaient les rois
Tour à tour ils mouraient[3] silencieux et tristes
Et trois fois courageux devenaient trismégistes[4]
Que Paris était beau à la fin de septembre

[1]. Écrivain anglais, auteur des *Confessions d'un mangeur d'opium* (1822).
Une jeune prostituée, Anne, prit soin de lui lorsqu'il était dans la misère.
[2]. Le bruit du cor est un motif présent chez Musset, Hugo, Baudelaire, Laforgue, Claudel ou encore Verlaine.
[3]. Allusion possible aux assassinats du roi d'Italie (1900) et du roi du Portugal (1908), et à la tentative d'assassinat sur le roi d'Espagne la même année.
[4]. Trois fois grands.

Un mois révolutionnaire

Vendémiaire (22 septembre-21 octobre) est le premier mois du calendrier mis en place pendant la Révolution française. C'est le mois des vendanges. Ce poème décline le thème de l'ivresse du recueil. Son titre fait écho au projet d'Apollinaire, en 1909, d'un recueil fondé sur le calendrier révolutionnaire.

Vendémiaire

Chaque nuit devenait une vigne où les pampres[5]
Répandaient leur clarté sur la ville et là-haut
Astres mûrs becquetés par les ivres oiseaux
De ma gloire attendaient la vendange de l'aube

Un soir passant le long des quais déserts et sombres
En rentrant à Auteuil j'entendis une voix
Qui chantait gravement se taisant quelquefois
Pour que parvînt aussi sur les bords de la Seine
La plainte d'autres voix limpides et lointaines

Et j'écoutai longtemps tous ces chants et ces cris
Qu'éveillait dans la nuit la chanson de Paris

J'ai soif villes de France et d'Europe et du monde
Venez toutes couler dans ma gorge profonde

Je vis alors que déjà ivre dans la vigne Paris
Vendangeait le raisin le plus doux de la terre
Ces grains miraculeux qui aux treilles chantèrent

Et Rennes répondit avec Quimper et Vannes
Nous voici ô Paris Nos maisons nos habitants

Ces grappes de nos sens qu'enfanta le soleil
Se sacrifient pour te désaltérer trop avide merveille
Nous t'apportons tous les cerveaux les cimetières les murailles
Ces berceaux pleins de cris que tu n'entendras pas
Et d'amont en aval nos pensées ô rivières
Les oreilles des écoles et nos mains rapprochées
Aux doigts allongés nos mains les clochers
Et nous t'apportons aussi cette souple raison
Que le mystère clôt comme une porte la maison
Ce mystère courtois de la galanterie
Ce mystère fatal fatal d'une autre vie

5. Branches de vigne avec leurs feuilles et leurs raisins.

Vendémiaire

Double raison qui est au-delà de la beauté
Et que la Grèce n'a pas connue ni l'Orient
Double raison de la Bretagne où lame à lame
L'océan châtre peu à peu l'ancien continent

Et les villes du Nord répondirent gaiement

40 Ô Paris nous voici boissons vivantes

Les viriles cités où dégoisent[1] et chantent
Les métalliques saints de nos saintes usines
Nos cheminées à ciel ouvert engrossent les nuées
Comme fit autrefois l'Ixion[2] mécanique
Et nos mains innombrables
Usines manufactures fabriques mains
Où les ouvriers nus semblables à nos doigts
Fabriquent du réel à tant par heure
Nous te donnons tout cela

50 Et Lyon répondit tandis que les anges de Fourvières[3]
Tissaient un ciel nouveau avec la soie des prières

Désaltère-toi Paris avec les divines paroles
Que mes lèvres le Rhône et la Saône murmurent
Toujours le même culte de sa mort renaissant
Divise ici les saints et fait pleuvoir le sang
Heureuse pluie ô gouttes tièdes ô douleur
Un enfant regarde les fenêtres s'ouvrir
Et des grappes de têtes à d'ivres oiseaux s'offrir
Les villes du Midi répondirent alors

1. Verbe familier pour parler ou chanter, et plus spécifiquement dire des injures.
2. Dans la mythologie grecque, ce prince chercha à séduire Héra, la femme de Zeus. Ce dernier, pour se venger, fabriqua une nuée à sa ressemblance et Ixion s'accoupla avec elle.
3. Colline de Lyon surplombée par la basilique du même nom, élevée en remerciement à la Vierge Marie. Lyon est une ville réputée pour le tissage de la soie, traversée par le Rhône et la Saône. Apollinaire y a vécu pendant son enfance.

Vendémiaire

Noble Paris seule raison qui vis encore
Qui fixes notre humeur selon ta destinée
Et toi qui te retires Méditerranée
Partagez-vous nos corps comme on rompt des hosties
Ces très hautes amours et leur danse orpheline
Deviendront ô Paris le vin pur que tu aimes

Et un râle infini qui venait de Sicile
Signifiait en battement d'ailes ces paroles

Les raisins de nos vignes on les a vendangés
Et ces grappes de morts dont les grains allongés
Ont la saveur du sang de la terre et du sel
Les voici pour ta soif ô Paris sous le ciel
Obscurci de nuées faméliques
Que caresse Ixion le créateur oblique
Et où naissent sur la mer tous les corbeaux d'Afrique

Ô raisins Et ces yeux ternes et en famille
L'avenir et la vie dans ces treilles[4] s'ennuyent

Mais où est le regard lumineux des sirènes
Il trompa les marins qu'aimaient ces oiseaux-là
Il ne tournera plus sur l'écueil de Scylla[5]
Où chantaient les trois voix suaves et sereines

Le détroit tout à coup avait changé de face
Visages de la chair de l'onde de tout
Ce que l'on peut imaginer
Vous n'êtes que des masques sur des faces masquées
Il souriait jeune nageur entre les rives
Et les noyés flottant sur son onde nouvelle
Fuyaient en le suivant les chanteuses plaintives

4. Tonnelle sur laquelle on fait s'entrelacer des plantes grimpantes, fréquemment de la vigne.
5. Cette nymphe, changée en monstre par Circée dans le détroit de Messine, a dévoré six compagnons d'Ulysse. Ces vers mélangent deux des périls des marins, les sirènes et le monstre Scylla.

Vendémiaire

Elles dirent adieu au gouffre et à l'écueil
À leurs pâles époux couchés sur les terrasses
Puis ayant pris leur vol vers le brûlant soleil
Les suivirent dans l'onde où s'enfoncent les astres

Lorsque la nuit revint couverte d'yeux ouverts
Errer au site où l'hydre[1] a sifflé cet hiver
Et j'entendis soudain ta voix impérieuse
Ô Rome
Maudire d'un seul coup mes anciennes pensées
Et le ciel où l'amour guide les destinées

Les feuillards[2] repoussés sur l'arbre de la croix
Et même la fleur de lys qui meurt au Vatican
Macèrent dans le vin que je t'offre et qui a
La saveur du sang pur de celui qui connaît
Une autre liberté végétale dont tu
Ne sais pas que c'est elle la suprême vertu

Une couronne du trirègne[3] est tombée sur les dalles
Les hiérarques[4] la foulent sous leurs sandales
Ô splendeur démocratique qui pâlit
Vienne la nuit royale où l'on tuera les bêtes
La louve avec l'agneau l'aigle avec la colombe
Une foule de rois ennemis et cruels
Ayant soif comme toi dans la vigne éternelle
Sortiront de la terre et viendront dans les airs
Pour boire de mon vin par deux fois millénaire

La Moselle et le Rhin se joignent en silence
C'est l'Europe qui prie nuit et jour à Coblence
Et moi qui m'attardais sur le quai à Auteuil

1. Serpent fabuleux à sept têtes.
2. Branches feuillues.
3. Coiffe formée de trois couronnes portée par le pape.
4. Titres d'évêque ou d'archevêque dans certaines églises de rite oriental. Ce vers et le précédent font allusion à une querelle qui opposa le pape Grégoire VII à l'empereur germanique Henry IV.

Vendémiaire

Quand les heures tombaient parfois comme les feuilles
Du cep[5] lorsqu'il est temps j'entendis la prière
Qui joignait la limpidité de ces rivières

Ô Paris le vin de ton pays est meilleur que celui
Qui pousse sur nos bords mais aux pampres du nord

Tous les grains ont mûri pour cette soif terrible
Mes grappes d'hommes forts saignent dans le pressoir
Tu boiras à longs traits tout le sang de l'Europe
Parce que tu es beau et que seul tu es noble
Parce que c'est dans toi que Dieu peut devenir
Et tous mes vignerons dans ces belles maisons
Qui reflètent le soir leurs feux dans nos deux eaux
Dans ces belles maisons nettement blanches et noires
Sans savoir que tu es la réalité chantent ta gloire
Mais nous liquides mains jointes pour la prière
Nous menons vers le sel les eaux aventurières
Et la ville entre nous comme entre des ciseaux
Ne reflète en dormant nul feu dans ses deux eaux
Dont quelque sifflement lointain parfois s'élance
Troublant dans leur sommeil les filles de Coblence

Les villes répondaient maintenant par centaines
Je ne distinguais plus leurs paroles lointaines
Et Trèves[6] la ville ancienne
À leur voix mêlait la sienne

L'univers tout entier concentré dans ce vin
Qui contenait les mers les animaux les plantes
Les cités les destins et les astres qui chantent
Les hommes à genoux sur la rive du ciel
Et le docile fer notre bon compagnon
Le feu qu'il faut aimer comme on s'aime soi-même
Tous les fiers trépassés qui sont un sous mon front

5. Pied de vigne. **6.** Ville de Rhénanie (Allemagne).

Vendémiaire

L'éclair qui luit ainsi qu'une pensée naissante
Tous les noms six par six les nombres un à un
Des kilos de papier tordus comme des flammes
Et ceux-là qui sauront blanchir nos ossements
Les bons vers immortels qui s'ennuient patiemment
Des armées rangées en bataille
Des forêts de crucifix et mes demeures lacustres
Au bord des yeux de celle que j'aime tant
Les fleurs qui s'écrient hors de bouches
Et tout ce que je ne sais pas dire
Tout ce que je ne connaîtrai jamais
Tout cela tout cela changé en ce vin pur

Dont Paris avait soif
Me fut alors présenté

Actions belles journées sommeils terribles
Végétation Accouplements musiques éternelles
Mouvements Adorations douleur divine
Mondes qui vous rassemblez et qui nous ressemblez
Je vous ai bus et ne fus pas désaltéré

Mais je connus dès lors quelle saveur a l'univers

Je suis ivre d'avoir bu tout l'univers
Sur le quai d'où je voyais l'onde couler et dormir les bélandres[1]

Écoutez-moi je suis le gosier de Paris
Et je boirai encore s'il me plaît l'univers

Écoutez mes chants d'universelle ivrognerie

Et la nuit de septembre s'achevait lentement
Les feux rouges des ponts s'éteignaient dans la Seine
Les étoiles mouraient le jour naissait à peine

[1]. Péniches.

LE DOSSIER du lycéen

- **Structure de l'œuvre** 128
- **Testez votre lecture** 132
- **Comprendre l'œuvre**
 - **1.** L'ivresse poétique 134
 - **2.** Les femmes, la femme 137
 - **3.** Une méditation sur la fuite du temps 139
- **Explorer le parcours associé : « Modernité poétique ? »**
 - LES THÈMES
 - **1.** Le lyrisme de la modernité 144
 - **2.** Une réinvention de la poésie personnelle 148
 - **3.** *Alcools*, une poétique du monde moderne 152
 - **4.** La poésie moderne comme art du bricolage en liberté 157
 - LECTURE D'IMAGES
 - ▸ **Apollinaire et les peintres**
 - **1.** Robert Delaunay, *La Tour Eiffel*, 1926 162
 - **2.** Pablo Picasso, *Arlequin assis*, 1901 163
 - GROUPEMENT DE TEXTES
 - ▸ **Dans le sillage d'Apollinaire : le lyrisme de la modernité**
 - **1.** Max Jacob, *Le Laboratoire central*, 1960 166
 - **2.** Blaise Cendrars, *Dix-neuf Poèmes élastiques*, 1919 169
 - **3.** Pierre Reverdy, *Sources du vent*, 1913-1949 171
 - **4.** André Breton, *Clair de terre*, 1923 172
 - **5.** Louis Aragon, *Le Mouvement perpétuel*, 1926 174
 - **6.** Aimé Césaire, *Soleil cou coupé*, 1948 176
 - **7.** Philippe Jaccottet, *À la lumière d'hiver*, 1977 177
- **Vers le BAC**
 - LA DISSERTATION 180
 - L'ORAL DU BAC 188
- **Lexique de la poésie** 195
- **Conseils de lecture** 198
- **Sommaire des poèmes** 199

Structure de l'œuvre

Quinze ans d'écriture : le recueil d'une vie

● Pour comprendre la composition très particulière d'*Alcools*, il faut avant toute chose considérer les poèmes dans leur ordre chronologique. Le recueil est composé de cinquante-deux poèmes écrits entre 1898 et 1912. Quelques mois à peine séparent donc la publication du recueil de l'écriture du dernier poème intégré par Apollinaire, « Zone ».

● L'une des structures de son œuvre, la plus visible, est liée à sa vie, ses rencontres, ses sources d'inspiration, dans une dimension autobiographique de l'écriture poétique. On peut ainsi distinguer quatre grandes périodes créatrices, qui ont chacune des particularités thématiques :

– Les premiers textes, entre 1898 et 1901 : « Le larron », « L'ermite », « Merlin et la vieille femme », « L'adieu ». On retrouve dans ces poèmes les premières sources d'inspiration symboliste, puisqu'Apollinaire est fortement marqué par ses lectures de Baudelaire tout d'abord, puis Rimbaud et Mallarmé. L'atmosphère médiévale correspond également à ses premières recherches, il passe des heures à la Mazarine, bibliothèque parisienne où il découvre la littérature du Moyen Âge.

– La période rhénane, entre 1901 et 1903 : « Clair de lune », les « Rhénanes », « La maison des morts », « Automne », etc. La moitié des poèmes d'*Alcools* a été composée pendant cette période, si féconde qu'Apollinaire souhaitait publier un recueil intitulé « Vent du Rhin » qui comprendrait uniquement ces textes. Outre l'inspiration des paysages rhénans et des légendes nordiques, c'est le thème de l'amour, plutôt mélancolique, qui domine dans les textes de cette période. Les poèmes inspirés par la rencontre avec Annie Playden est inscrite dans cette exploration du thème des amours mélancoliques et de la fuite du temps.

Guillaume Apollinaire et Annie Playden (1880-1967), BnF, Paris.

– La période du retour parisien, entre 1904 et 1906 : « La Chanson du Mal-Aimé », « Palais », « L'émigrant de Landor Road », « Un soir », « Cortège », etc. La rupture avec Annie Playden, à l'ori-

gine de « La Chanson du Mal-Aimé », marque le début de cette période qui est intellectuellement très riche. Apollinaire rencontre de nombreux poètes et peintres, lit énormément et publie des articles de critique d'art.

– De Marie Laurencin à la publication du recueil, entre 1907 et 1912 : « Les fiançailles », « Le brasier », « Vendémiaire », « Le pont Mirabeau », « Marie », « Zone », etc. Les poèmes du début de cette période, entre 1907 et 1909, font état des nouvelles sources d'inspiration du poète : Marie, bien sûr, mais également les thèmes du rêves et du plaisir. Vers 1911, suite à sa rupture amoureuse et son séjour à la prison de la Santé, les textes se font plus sombres.

Une structure picturale : la recomposition cubiste d'une vie

- Pour construire *Alcools*, Apollinaire déconstruit le sens chronologique des poèmes. Le refus de la logique temporelle signifie que le sens ne doit pas être celui d'une autobiographie, ce qu'il deviendrait, de fait et malgré lui, après quinze années d'écriture poétique ininterrompue rassemblée en seul ouvrage.

- Pour ce faire, Apollinaire place tout d'abord le dernier poème écrit, « Zone », en ouverture du recueil. Dans le premier tiers de l'œuvre se succèdent plusieurs poèmes de la dernière période d'écriture, assez rarement interrompus par des poèmes plus anciens. Dans le dernier tiers, les poèmes de la période rhénane alternent avec les poèmes plus contemporains de la publication du recueil.

- Toutefois, si parfois un semblant de schéma paraît émerger de la composition, il est aussitôt contrarié par une irrégularité, comme pour démentir fermement toute logique apparente. La parenté est nette entre la reconstruction des paysages, natures mortes et portraits effectuée par les peintres cubistes, et la composition disparate de ce recueil. Les lieux, les thèmes, les femmes se mélangent et s'intercalent, formant une image kaléidoscopique de la vie du poète. Ce qu'écrit Apollinaire à propos des cubistes s'applique parfaitement à la structure d'*Alcools* : « *Il faut pour cela embrasser d'un coup d'œil : le passé, le présent et l'avenir. La toile doit présenter cette unité essentielle qui seule provoque l'extase.* »[1]

Une structure musicale : l'alternance des rythmes

- La peinture n'est pas le seul art convoqué par Apollinaire pour écrire *Alcools*. La musique est également essentielle dans ce recueil, et on peut

[1]. Guillaume Apollinaire, *Les Peintres cubistes, Méditations esthétiques*, 1913.

Structure de l'œuvre

également en étudier la structure à son prisme, en considérant cette fois non pas la date d'écriture des poèmes, mais leurs longueurs respectives.

• Guillaume Apollinaire privilégie les alternances entre textes longs et textes brefs : on le voit par exemple dans « La Chanson du Mal-Aimé », où de longs poèmes en italique alternent systématiquement avec des textes plus brefs. Cette structure particulière se retrouve à l'échelle du recueil tout entier, comme le prouve l'alternance des premiers textes : à « Zone » (156 vers) succède « Le pont Mirabeau » (24 vers), puis « La Chanson du Mal-Aimé » (300 vers), « Les colchiques » (15 vers), « Palais » (45 vers), « Chantre » (1 vers)... et l'on pourrait poursuivre ainsi. Là encore, le systématisme n'est pas de mise – il en deviendrait contrainte, et le poète perdrait l'indépendance revendiquée. Il n'en reste pas moins qu'un rythme se crée à la lecture du recueil, hésitant entre l'alternance typique de la chanson – dont Apollinaire se réclame souvent, et le caractère lancinant d'une mélopée.

« Zone » et « Vendémiaire », deux titres qui éclairent la structure du recueil

• Le recueil est tendu entre deux larges œuvres, toutes deux récentes lors de la publication : « Zone » et « Vendémiaire ». L'histoire du titre du premier poème est intéressante : ce poème est ajouté aux premières épreuves du recueil sous le titre « Cri », puis il est appelé « Zône » avant la suppression de l'accent circonflexe qui renvoyait sans doute à l'omega grecque et donc au sens étymologique du mot : « la boucle ».

• Le substantif désigne un espace géographique délimité assez précisément, en forme de bande ou de sphère. On peut comprendre ce titre en lien avec les différentes « zones de vie » du poète, villes ou pays énumérés au fil de son poème. Mais en géologie, la « zone » désigne « *la partie visible des couches superposées dont certains terrains, certaines pierres sont formés* »[1]. C'est donc au recueil que le titre de ce poème renverrait, par métonymie* : un recueil en strates, en superpositions dans l'espace et dans le temps.

• Le titre du dernier poème, « Vendémiaire », est lié au projet, en 1909, de faire un recueil inspiré du calendrier républicain. Vendémiaire est le mois correspondant à l'équinoxe d'automne, fin septembre. On retrouve alors une référence, comme une synthèse implicite, à cette saison si fréquemment citée dans *Alcools*, et à la période des vendanges qui renvoie à la poésie de l'ivresse.

[1]. Définition du CNRTL.

« Zone » et « Vendémiaire », deux jalons qui donnent son sens à l'œuvre

- « Zone » constitue la tentative du poète pour définir le « je » poétique. Vaste errance identitaire, il se clôt sur l'image de la décapitation (« *Soleil cou coupé* », p. 18) et la référence à l'alcool montre un poète renfermé sur lui-même : « *Et tu bois cet alcool brûlant comme ta vie / Ta vie que tu bois comme une eau-de-vie* » (v. 147-148, p. 18).

- « Vendémiaire » reprend les mêmes thématiques que « Zone » mais dans un sens totalement différent : à l'errance répond l'initiation, au doute répond la certitude : « *Je suis ivre d'avoir bu tout l'univers* » (v. 167), « *Et je boirai encore s'il me plaît l'univers* » (v. 170, p. 126). Et si le soleil de « Zone » est celui de la mort, le dernier vers de « Vendémiaire » s'ouvre sur « *le jour naissait à peine* » (p. 126). Il y a donc, sinon structure, du moins architecture du recueil, dans le chiasme* de ces deux poèmes essentiels et dans l'ouverture vers un « je » poétique et prophétique assumé.

Dessin de Louis Marcoussis pour *Alcools*, BnF, Paris.

Testez votre lecture

Guide de lecture

L'ancrage autobiographique

1. Citez trois poèmes consacrés à Annie Playden, et trois consacrés à Marie Laurencin.
2. Quel poème évoque un séjour d'Apollinaire en prison ? Rappelez-en les circonstances.
3. Quelle importance est donnée aux villes du monde dans le recueil ? Quel est leur lien avec la vie du poète ?

L'imaginaire mythologique

4. Quelle mythologie est particulièrement présente dans la section des « Rhénanes » ?
5. À quels oiseaux le poète fait-il régulièrement référence ? Quels sont leurs sens symboliques ?
6. Des personnages de la légende arthurienne sont présents dans le recueil. Lesquels ?

La fuite du temps

7. Quelle saison est particulièrement importante dans ce recueil ? Pourquoi ?
8. Dans quel poème la Seine est-elle décrite ? Que dit-elle du temps qui passe ?
9. Pouvez-vous illustrer, à l'aide de quelques textes, la nostalgie présente dans le recueil ?

Tout est objet de poésie

10. Dans quel poème la tour Eiffel apparaît-elle ? À quoi est-elle comparée ?

11. Quels éléments du monde moderne sont présents dans les dernières strophes de « La Chanson du Mal-Aimé » ?

12. Donnez des exemples de poèmes où l'humour et la fantaisie sont présents.

Testez votre lecture

« Alcools »

13. Pouvez-vous citer des poèmes qui évoquent l'alcool ou le vin ?

14. Dans « Vendémiaire », Apollinaire écrit « *Écoutez mes chants d'universelle ivrognerie* » (v. 171, p. 126). Comment comprenez-vous ce vers ?

15. S'agit-il pour le poète d'évoquer une ivresse véritable ou une ivresse métaphorique ?

L'œuvre et le parcours

Modernité poétique ?

16. À partir d'une recherche sur la figure mythologique d'Orphée et sur l'origine étymologique du mot « lyrisme », tentez de formuler une définition personnelle de ce terme.

17. Quelle différence faites-vous entre « modernité » et « nouveauté » ?

18. Pourquoi le point d'interrogation dans l'intitulé du parcours est-il essentiel ?

Comprendre l'œuvre

1 L'ivresse poétique

Orphée, Apollon et Dionysos

• Dans l'Antiquité, la poésie est d'origine divine. Elle est inspirée par les Muses, les neuf filles de Zeus et de Mnémosyne, déesse de la mémoire qui aurait inventé le langage. Trois autres figures mythologiques soutiennent le processus de création poétique, en inspirant plus particulièrement trois formes distinctes de poésie : Orphée, Apollon et Dionysos.

	ORPHÉE, LE CŒUR	APOLLON, L'ESPRIT	DIONYSOS, LA FUREUR
Sources de la poésie	La lyre est l'instrument avec lequel Orphée chante ses émotions et charme le monde qui l'entoure (voir p. 144). Son chant devient l'expression des regrets, de la nostalgie et du temps qui passe.	Apollon est le dieu du Soleil, de la connaissance, de la divination. La poésie apollinienne, solaire et cosmique, tente à la fois de percer et de dire les secrets du monde et du langage.	Dionysos est à l'origine d'une poésie désordonnée, frappée par la folie et la démesure. C'est la poésie de l'ivresse, ou du désir d'ivresse.
Buts de la poésie	Susciter des sentiments, émouvoir, séduire, déplorer.	Déchiffrer le monde, en révéler les mystères, inciter à la réflexion.	Provoquer l'ivresse, frapper les esprits, atteindre des mondes nouveaux.
Dans Alcools	« *Passons passons puisque tout passe Je me retournerai souvent* » (« Cors de chasse », p. 120)	« *J'aimerais mieux nuit et jour dans les sphingeries Vouloir savoir pour qu'enfin on m'y dévorât* » (« Descendant des hauteurs », p. 90)	« *Je suis ivre d'avoir bu tout l'univers* » (« Vendémiaire », p. 126)

- L'ivresse poétique liée à Dionysos (que les Latins nommeront Bacchus) peut tout d'abord s'entendre au sens propre. Le culte de ce dieu est un culte orgiaque, les processions des bacchantes, les femmes prêtresses qui célébraient les mystères lors des fêtes dionysiaques, sont violentes, on y boit énormément, et la poésie qui en naît, débridée, porte en elle ces débordements. Mais c'est dans son sens figuré que cette ivresse est plus intéressante encore. L'ivresse est à comprendre comme une ivresse des sens, ou encore comme une folie, à l'origine d'une poésie de la sidération et de la provocation. Violente, la poésie dionysiaque interroge le lecteur et l'emmène dans des mondes inconnus par sa volonté de fuir un réel décevant.

Dessin de Léon Bakst (1866-1924), « Les bacchantes », pour la chorégraphie de Vaslav Nijinski, *L'Après-midi d'un faune*. Bibliothèque de l'Arsenal, Paris.

Les flammes de l'ivresse

- Le titre initial du recueil lorsqu'il était encore en projet était *Eau-de-vie*, jusqu'en 1910 où Apollinaire le change pour *Alcools*. Le nom « eau-de-vie » désigne un alcool particulièrement fort né de la distillation du vin ou d'autres boissons ; il permet de comprendre ce qu'est l'ivresse chez Apollinaire. C'est le ferment de la « vie », comme on le lit dans « Zone » : « *Et tu bois cet alcool brûlant comme ta vie / Ta vie que tu bois comme une eau-de-vie* » (v. 148-149, p. 18). Le jeu des comparaisons* dans ces deux vers rend très claire l'équivalence tracée par Apollinaire entre la vie et l'alcool, mais surtout le point de comparaison qui les lie : les deux brûlent.

- L'ivresse est donc aussi liée au feu, autre motif essentiel du recueil, et c'est la fureur née de ces deux brûlures qui intéresse le poète. Les images poétiques les associent souvent, comme dans « La Chanson du Mal-Aimé », où Paris est ivre « *du gin flambant de l'électricité* » (v. 286-287, p. 32).

Comprendre l'œuvre

D'*Eau-de-vie* à *Alcools*

- Le choix tardif du mot « Alcools » annonce une ambition plus large du poète. Le terme plus général et mis au pluriel multiplie les sens et renvoie de manière plus explicite aux autres poètes de l'ivresse, comme Baudelaire (par exemple dans la section « Le vin » des *Fleurs du mal* ou dans le poème en prose « Enivrez-vous », ci-dessous), ou Rimbaud dans les *Illuminations*.

- Il autorise également une lecture plus sombre de l'ivresse : elle est non seulement source de vie mais aussi signe de désespoir et de mort, à l'image du batelier de « Nuit Rhénane » qui chante « *son râle-mourir* » (v. 11, p. 91). De « Zone » à « Vendémiaire », l'alcool change de signification. Du poète qui « *[boit sa] vie comme une eau-de-vie* » (v. 149, p. 18), renfermé sur lui-même dans une ivresse sombre, l'on passe à la fin du recueil au poète devenu le « *gosier de Paris* », « *ivre d'avoir bu tout l'univers* » (v. 167-170, p. 126).

- Universelle, l'ivresse est ici l'image de la création poétique et de ses sources d'inspiration : « *Écoutez mes chants d'universelle ivrognerie* » (v. 171, p. 126), demande le poète. L'alcool devient à la fois enthousiasme (qui signifie étymologiquement « le fait d'être possédé par les dieux ») et soif de la connaissance du monde. Ainsi se trouvent réunis Dionysos, du côté de l'ivresse, et Apollon, du côté du cosmos, dans un même élan de création poétique : « *Je buvais à pleins verres les étoiles* » (« Mes amis m'ont enfin avoué... », v. 2, p. 107).

Enivrez-vous

Il faut être toujours ivre, tout est là ; c'est l'unique question. Pour ne pas sentir l'horrible fardeau du temps qui brise vos épaules et vous penche vers la terre, il faut vous enivrer sans trêve.

Mais de quoi ? De vin, de poésie, ou de vertu à votre guise, mais enivrez-vous.

Et si quelquefois, sur les marches d'un palais, sur l'herbe verte d'un fossé, dans la solitude morne de votre chambre, vous vous réveillez, l'ivresse déjà diminuée ou disparue, demandez au vent, à la vague, à l'étoile, à l'oiseau, à l'horloge, à tout ce qui fuit, à tout ce qui gémit, à tout ce qui roule, à tout ce qui chante, à tout ce qui parle, demandez quelle heure il est et le vent, la vague, l'étoile, l'oiseau, l'horloge, vous répondront : « Il est l'heure de s'enivrer ! Pour n'être pas les esclaves martyrisés du Temps, enivrez-vous ; enivrez-vous sans cesse ! De vin, de poésie, de vertu, à votre guise. »

Charles Baudelaire, *Le Spleen de Paris*, XXXIII, 1869.

2 Les femmes, la femme

Apollinaire, comme Orphée, se retourne souvent sur les femmes disparues de sa vie. Le thème des amours perdues est ainsi au cœur du recueil et se mêle à celui des femmes, qui ne sont pas de simples figures de la vie du poète. Qui sont les femmes d'*Alcools* ?

Annie et Marie

- Le recueil devait s'ouvrir sur « La Chanson du Mal-Aimé » (p. 20), un poème qui, comme bien d'autres, est consacré à Annie Playden (voir p. 128), ce qui montre l'importance accordée par Apollinaire aux amours passées. On retrouve Annie Playden, émigrée aux États-Unis, dans « Annie » ou dans « L'émigrant de Landor Road », là encore liée au thème du voyage.

- Plus encore qu'Annie Playden, c'est Marie Laurencin qui est au centre du lyrisme amoureux du recueil. Le poème « Le pont Mirabeau » (p. 18) conte la rupture entre les deux amants ; « Marie » (p. 56), plus élégiaque encore, évoque également la fuite du temps liée au deuil du sentiment amoureux.

- Dans la poésie d'Apollinaire, ces deux figures féminines prennent un aspect plus universel. Le prénom « Marie » est, depuis Ronsard (*Les Amours de Marie*), une sorte de prénom symbolique de la femme aimée (« Marie » est d'ailleurs l'anagramme du verbe « aimer »), tout comme Annie se superpose à « Anne » qui aima Thomas de Quincey, écrivain anglais du xixe siècle, dans « Cors de chasse » (p. 120). Si Apollinaire repense aux femmes d'autrefois, c'est à la manière dont Orphée, dès l'origine, se retournait sur Eurydice : « *Je me retournerai souvent* », dit-il dans ce même poème où le « je » poétique s'assimile au « je » orphique.

Le Douanier Rousseau (1844-1910), *La Muse inspirant le poète* (Marie Laurencin et Guillaume Apollinaire), 1909, huile sur toile (1,49 x 0,97 m), musée Pouchkine, Moscou.

Comprendre l'œuvre

Les figures de la prostituée et de l'amante

- De nombreux poèmes évoquent la figure, importante dans l'œuvre, de la prostituée. Dès « Zone », deux filles de joie sont nommées : « *Ferdine la fausse ou Léa l'attentive* ». Le poème « 1909 » (p. 111) décrit plus précisément les prostituées (« *J'aimais les femmes atroces dans les quartiers énormes* », v. 23), figures ambivalentes qui suscitent autant le désir que la peur : « *Cette femme était si belle / Qu'elle me faisait peur* » (v. 28-29).

- La femme est souvent l'amante, la maîtresse. « Rosemonde » décrit la maîtresse du roi Henri II, en convoquant de nombreuses images érotiques, telles les « *chairs fouettées des roses de la roseraie* », ou encore son « *cul de perle fine* », partie du corps que l'on retrouve dans le « *cul de dame damascène* » de « Voie Lactée » (v. 202, p. 28). Peu de ces prostituées et amantes semblent bonnes, à part la « *Pauvre Anne* » de « Cors de chasse » (p. 120) : « *Toutes même la plus laide a fait souffrir son amant* » (v. 139, p. 17), à l'image de « *la femme du diable* » qui a « *battu son amant* » dans « L'émigrant de Landor Road » (v. 28, p. 83).

Pablo Picasso (1881-1973), *Les Demoiselles d'Avignon*, 1907, huile sur toile (2,44 x 2,34 m), Museum of Modern Art, New York.

Le chœur des femmes du peuple

• Loin de ces images, la femme d'*Alcools* représente aussi l'ensemble des femmes, des mères, souvent pauvres, qui dans « Zone » « *restent assises exsangues au fond des boutiques* » (v. 134, p. 17). Elles sont « Les femmes » (p. 103) du poème du même nom, où elles existent dans les gestes quotidiens (« *les femmes cousent* », v. 1), dans les paroles sans importance (« *Apporte le café le beurre et les tartines* », v. 17).

• Ce sont des femmes presque fantômes, victimes de leur condition, toujours faibles : Léni « *tousse* », Lotte est « *triste* », la grand-mère se contente de dire « *son chapelet* ».

Des femmes à la femme

• Au terme du recueil, les figures féminines se superposent et finissent par n'en faire plus qu'une aux visages multiples : la femme. Ainsi, le poème « Marizibill » (p. 53) rassemble dans ce prénom Marie Laurencin, la Marie-Sybille du folklore de Cologne, la sybille prêtresse d'Apollon et la prostituée « *tirée d'un bordel à Changaï* ».

• Cette volonté d'universalisation de la femme se lit également dans la multiplicité des références mythologiques. De Pénélope qui tisse sa toile (« *Près d'un tapis de haute lisse / Sa femme attendait qu'il revînt* », « La Chanson du Mal-Aimé », v. 34-35, p. 21) à Viviane et Morgane dans « Merlin et la vieille femme » (p. 64), en passant évidemment par les nixes ou sirènes nordiques dans le cycle des « Rhénanes » (p. 90), la femme mythologique et mythique est partout présente. On retrouve chez elle les mêmes ambiguïtés que chez les femmes réelles : elle oscille entre le danger, sirène attirant les marins pour les noyer, et la vertu, Pénélope attendant patiemment le retour d'Ulysse.

3 Une méditation sur la fuite du temps

La poésie élégiaque jusqu'au XIXe siècle

Depuis la figure d'Orphée, la poésie est expression d'une déploration : celle de la disparition de l'être aimé, certes, mais aussi celle de la fuite du temps. Diverses formes ou topoï* en rendent compte spécifiquement.

• La première est l'élégie (du grec *elegeia*, le chant de mort). Au départ simple forme fixe de versification employée dans des poèmes aux thèmes très variés, ce genre poétique se spécialise progressivement dans le chant des sentiments personnels du poète avant de désigner dans l'Antiquité

Comprendre l'œuvre

romaine, autour du premier siècle avant Jésus-Christ, un poème qui pleure la disparition de la personne aimée.

- À l'élégie se mêle le topos antique de l'« *Ubi sunt* », locution latine qui constitue les premiers mots de la question « *Ubi sunt qui ante nos fuerunt ?* » (« Où sont passés ceux qui nous ont précédés ? »). Cette réflexion sur le temps est réemployée tout au long du Moyen Âge, par exemple chez Rutebeuf ou François Villon.

> *Dites-moi où, n'en quel pays,*
> *Est Flora la belle Romaine, […]*
> *Qui beauté eut trop plus qu'humaine ?*
> *Mais où sont les neiges d'antan ?*
>
> François VILLON,
> « La Ballade des dames du temps jadis », 1489.

- L'élégie trouve, avec la poésie romantique, une nouvelle heure de gloire. Les *Méditations poétiques* de Lamartine, pleurant la mort des femmes aimées, entre autres, s'en emparent et font de la Nature le réceptacle universel de la douleur du poète, qui passe de l'intime au collectif.

Apollinaire et l'élégie

- *Alcools* témoigne de l'importance pour Apollinaire de cette poésie élégiaque. Ainsi, « Marie » (p. 56) se fonde sur le topos de l'« *Ubi sunt* » dans l'anaphore régulière des formes interrogatives : « *Sais-je où s'en iront tes cheveux* ». Une variation en est faite dans « Le voyageur » (p. 54), avec une autre anaphore* : « *Te souviens-tu* », qui interroge le poète dans un même regard en arrière sur un passé disparu.

- Les disparus du recueil sont nombreux : il s'agit principalement des femmes aimées, Annie et Marie, mais d'autres poèmes évoquent plus largement les morts. Le poème « *J'ai eu le courage de regarder en arrière…* » (p. 108) s'ouvre sur ces disparus : « *Les cadavres de mes jours / Marquent ma route et je les pleure / Les uns pourrissent dans les églises italiennes / Ou bien dans de petits bois de citronniers* ». Le très bref poème « La dame » (p. 106) parle lui aussi d'un mort inconnu : « *Quel est donc ce mort qu'on emporte* ».

L'automne, saison du deuil

- Le temps qui passe, dans *Alcools*, se dit également dans d'autres images poétiques. La première est celle de l'automne, saison symbolique du deuil : « *Mon Automne éternelle ô ma saison mentale* » (« Signe », p. 104). Ver-

laine, avant Apollinaire, a fait de cette saison celle de l'expression de la nostalgie face au temps écoulé dans sa « Chanson d'automne » (voir ci-dessous). Apollinaire la reprend dans « Signe » mais surtout dans le poème « Automne malade » (p. 118), où les feuilles qui tombent sont les métaphores* des larmes : « *Le vent et la forêt qui pleurent / Toutes leurs larmes en automne feuille à feuille* » (v. 16-17).

• Comme dans la poésie romantique, la Nature semble accueillir et redoubler la tristesse du poète, mais le cliché est renouvelé puisque c'est l'automne qui est « *malade* », et c'est sa mort, l'hiver venu, que le poète chante avec compassion. L'automne est également lié à la célébration de la fête des morts dans « Rhénane d'automne » (« *C'est le jour des morts et de toutes leurs âmes* », v. 11, p. 100), et si le poète pleure sa mort dans « Automne malade », il l'accuse également d'avoir fait mourir l'été dans « Automne » : « *Oh ! l'automne l'automne a fait mourir l'été / Dans le brouillard s'en vont deux silhouettes grises* » (v. 7-8, p. 81). La tristesse de l'automne se lit poétiquement dans les deux premiers vers : « *Dans le brouillard s'en vont un paysan cagneux / Et son bœuf lentement dans le brouillard d'automne* », qui enferme ces deux pauvres vies dans un cercle clos par cette saison.

> *Les sanglots longs*
> *Des violons*
> *De l'automne*
> *Blessent mon cœur*
> *D'une langueur*
> *Monotone.*
>
> Paul VERLAINE, *Poèmes saturniens*, 1866.

L'écoulement du temps

• Ce dernier motif élégiaque est sans doute le plus marquant du recueil *Alcools* et le plus célèbre chez Apollinaire. Il est annoncé dès le second poème, « Le pont Mirabeau » (p. 18), qui lit dans l'eau de la Seine l'image même de l'amour disparu (« *L'amour s'en va comme cette eau courante* », v. 13) et du temps qui fuit (« *Ni temps passé / Ni les amours reviennent / Sous le pont Mirabeau coule la Seine* », v. 20-22). À cette vision de l'écoulement de l'eau mimant celui du temps se superpose l'idée de la disparition de toutes choses, l'eau en effaçant les traces.

Comprendre l'œuvre

> *Comme le sable du bord de la mer est caché par le nouveau sable que les flots apportent, et celui-ci par d'autre ; de même en ce monde, ce qui survient efface bientôt la trace de tout ce qui a précédé.*
>
> <div align="right">Marc-Aurèle, *Pensées*, VIII.</div>

- Ce motif est repris dans « Marie », où la dernière strophe est très semblable aux images du « pont Mirabeau » : « *Le fleuve est pareil à ma peine / Il s'écoule et ne tarit pas* » (v. 23-24, p. 57), puis dans « À la santé » (p. 113), par la reprise du vers du « Pont Mirabeau » (« *Passent les jours et passent les semaines* »). Le poète y crée une nouvelle comparaison* : « *Que lentement passent les heures / Comme passe un enterrement* » (v. 45-46), et renouvelle l'image du temps en superposant la lenteur de certains moments à la vitesse des autres : « *Tu pleureras l'heure où tu pleures / Qui passera trop vitement / Comme passent toutes les heures* » (v. 47-49). Le temps qui passe est toujours – doublement – traître : il s'écoule ou trop vite, ou trop lentement.

> *Je n'ai jamais désiré de quitter pour ma part le lieu où je vivais et j'ai toujours désiré que le présent quel qu'il fût perdurât. Rien ne détermine plus de mélancolie chez moi que cette fuite du temps. Elle est en désaccord si formel avec mon sentiment, mon identité, qu'elle est la source même de ma poésie.*
>
> <div align="right">Guillaume Apollinaire,
Lettres à sa marraine, 4 août 1916.</div>

La violence de la mort

- La reprise par Apollinaire des motifs traditionnels de l'élégie et de la douceur des images de l'eau qui s'écoule, ou encore de l'automne avec ses feuilles qui tombent, n'exclut pas du tout – et là est peut-être la modernité de l'élégie chez le poète – une réelle violence. Ainsi, l'automne est associé, dans « Les colchiques » (p. 33), au poison, et c'est un danger mortel que court le poète : « *Et ma vie pour tes yeux lentement s'empoisonne* » (v. 7). L'antithèse* montre bien dans le premier vers le caractère double de cette saison, puisque « *Le pré est vénéneux mais joli en automne* ». Si le motif des feuilles qui tombent semble classique, lui aussi est réécrit avec violence, puisqu'à plusieurs reprises les feuilles deviennent des mains, comme dans « Signe » : « *Les mains des amantes d'antan jonchent ton sol* » (v. 6, p. 104).

- La mort est rupture, cassure, elle tranche mains et têtes. « Salomé » rappelle ainsi la tête coupée de Jean-Baptiste, (voir encart p. 63), « *Prends cette tête*

au lieu de ta marotte et danse / N'y touchez pas son front ma mère est déjà froid » (v. 15-16), et « Zone » se clôt sur l'expression « *Soleil cou coupé* » (p. 18) dont la violence vient autant de l'image de la décapitation que de l'humour très noir des sonorités. « Le Brasier » (p. 87) reprend ce thème, avec la métaphore* « *Ce Passé ces têtes de mort* » (v. 4), et la reprise des cous coupés : « *Les têtes coupées qui m'acclament / Et les astres qui ont saigné / Ne sont que des têtes de femmes* » (v. 18-20).

Éros et Thanatos

Dans la mythologie grecque, Éros est le dieu de l'amour et Thanatos la personnification de la mort. On les associe fréquemment depuis pour évoquer la dualité de la vie et de l'amour, qui portent toujours en eux une part plus sombre et mortifère.

• L'eau, enfin, porte elle aussi la mort en ce qu'elle est souvent un tombeau. Nombreuses sont, dans le recueil, les images des noyés, comme le suicide de la Loreley, la mort du roi de « La Chanson du Mal-Aimé », ou les références à Ophélie, personnage de la pièce *Hamlet* de Shakespeare qui se suicide, et à Icare (voir encart p. 107). Parce que son mouvement, ses reflets miment ceux de la vie, l'eau est dangereuse et illusoire. Le registre élégiaque se renouvelle alors dans le recueil par l'irruption du tragique, liant Éros et Thanatos.

John Everett Millais (1829-1896), *Ophélie*, dans *Hamlet* de Shakespeare. Peinture à l'huile de 1952, Tate Gallery, Londres.

Explorer le parcours associé : « Modernité poétique ? »

LES THÈMES

1 Le lyrisme de la modenité

Aux sources du lyrisme...

• ... il y a Apollon et Orphée. À la naissance d'Orphée, Apollon lui offre le don de la musique et l'instrument pour la créer, la lyre. Devenu célèbre par ses chants qui envoûtent la nature et les hommes, Orphée épouse Eurydice. Le soir même de la noce, elle se fait mordre par un serpent et meurt. Parce qu'il ne peut accepter cette perte, Orphée part à la recherche d'Eurydice. Il trouve l'entrée des Enfers, charme Cerbère, le chien qui les garde, et plaide sa cause auprès des dieux des Enfers qui, eux aussi envoûtés, redonnent vie à Eurydice. L'unique condition est que sur le chemin du retour vers la terre, Orphée ne se retourne pas. Alors qu'ils approchent de la sortie, Orphée, qui n'entend plus les pas d'Eurydice derrière lui, se retourne pour se rassurer : elle disparaît alors définitivement. Orphée passe le reste de sa vie à chanter son amour perdu.

Raoul Dufy, *Orphée, Bestiaire d'Apollinaire*, 1908, centre Pompidou, Paris.

• Ce mythe définit symboliquement ce que l'on nomme le « registre lyrique » : il est fondé sur l'expression, poétique et musicale, des sentiments personnels du poète. Orphée illustre à la fois les pouvoirs du chant poétique, capable de charmer tout ce qui l'entoure, et la démarche du poète qui peut, par la catabase[1], franchir les interdits, traverser les Enfers. Le poète est, selon ce mythe, celui qui se retourne. Sur son passé, sur ses amours perdues, sur ses souvenirs, sur la poésie également.

LEXIQUE

Le mot « lyrisme » est formé sur le mot « lyre », qui désigne un instrument à cordes antique associé au dieu grec Apollon et au mythe du poète Orphée, qui pleure sa femme Eurydice. Le lyrisme désigne ainsi l'expression des sentiments personnels de l'écrivain.

[1]. La catabase est le nom grec de la descente aux Enfers.

Orphée et Apollinaire

- Lorsque Guillaume de Kostrowitzky choisit son cinquième prénom, Apollinaire, comme pseudonyme, il le fait en souvenir d'un grand-père qui se prénommait ainsi mais également parce que ce prénom évoque d'emblée Apollon, le père des Muses, le dieu des arts et des lettres, le mentor d'Orphée.

- La figure d'Orphée est présente à plusieurs reprises dans les poèmes d'*Alcools* (voir citations ci-dessous). On voit bien en lisant ces extraits l'ambiguïté de cette figure pour Apollinaire. Apollinaire – Orphée se retourne souvent, dit-il, et, comme sa figure tutélaire, sur des souvenirs malheureux : sur « *les cadavres* », « *les souvenirs* » associés à la mort. Comme Orphée, Apollinaire, dans *Alcools*, revient sur ses amours perdues pour les chanter. Le lyrisme apollinairien repose donc sur les sentiments traditionnellement associés au registre lyrique : l'amour, la tristesse, la souffrance de la perte.

- Enfin, comme dans le mythe fondateur, le lyrisme d'Apollinaire accorde au passé une place ambivalente. La lyre est « *ardente* », à la fois source de souffrances (« *brûle* », « *endoloris* ») et de création (« *mélodieux délire* »).

- À son image, la poésie du souvenir est douloureuse, parce que située entre la stérilité ou l'immobilisme : il peut être vain de rappeler sans cesse les souvenirs d'antan « *dont meurt le bruit parmi le vent* ». Et pourtant, c'est ce retour sur le passé qui, à la fois, permet la création poétique et rend immortelles les figures convoquées ! Le poème « Marie » (p. 56), par exemple, en déplorant la perte des femmes aimées, les réunit toutes en une figure féminine immortelle.

Le thème de la musique

- La lyre est comme démultipliée dans le recueil par les allusions constantes à la musique. Le titre même de « La Chanson du Mal-Aimé » (p. 20)

> **« Citations à retenir**
>
> Juin ton soleil ardente lyre
> Brûle mes doigts endoloris
> Triste et mélodieux délire
>
> « La Chanson du Mal-Aimé », v. 276-278.
>
>
>
> La table et les deux verres devinrent
> un mourant qui nous jeta le dernier
> regard d'Orphée
>
> « Poème lu au mariage d'André Salmon », v. 17.
>
>
>
> J'ai eu le courage de regarder en arrière
> Les cadavres de mes jours
> Marquent ma route et je les pleure
>
> « J'ai eu le courage de regarder en arrière… », v. 1-3.
>
>
>
> Passons passons puisque tout passe
> Je me retournerai souvent
> Les souvenirs sont cors de chasse
> Dont meurt le bruit parmi le vent
>
> « Cors de chasse », v. 9-10.

Explorer le parcours associé : « Modernité poétique ? »

l'indique, tout comme l'isotopie* de la chanson que l'on trouve dans la dernière strophe* :

> *Moi qui sais des **lais** pour les reines*
> *Les **complaintes** de mes années*
> *Des **hymnes** d'esclave aux murènes*
> *La **romance** du mal aimé*
> *Et des **chansons** pour les sirènes*

• Comme le « *gardien du troupeau* » dans « Les colchiques » (p. 33), comme le batelier de « Nuit rhénane » (p. 90), le poète « *chante tout doucement* ». Cette chanson est fréquemment associée, dans *Alcools*, aux figures féminines : « *Toute la sainte journée j'ai marché en chantant / Une dame penchée à sa fenêtre m'a regardé longtemps / M'éloigner en chantant* (« *À la fin les mensonges...* », v. 87-89, p. 110).

• La chanson est aussi liée à la danse qui caractérise souvent les femmes et qui évoque soit une joie toute simple liée aux divertissements populaires, soit l'ivresse de la poésie dionysiaque, bien plus que les sentiments habituels du lyrisme. Elle prend même des aspects très enfantins, comme dans « Marie » (p. 56) dont les premiers vers évoquent une ritournelle* ancienne : « *Vous y dansiez petite fille / Y danserez-vous mère-grand / C'est la maclotte qui sautille* » (v. 1-3). La danse de « À la santé » (p. 113) est celle du prisonnier dans sa cellule (« *Tournons tournons tournons toujours / Le ciel est bleu comme une chaîne* », v. 23-24), et c'est « *au son d'un accordéon* », instrument bien éloigné de la lyre, que les matelots dansent dans « Au tournant d'une rue... » (p. 110).

• Si le lyrisme d'Apollinaire revendique ses inspirations antiques, l'écriture poétique fait mourir ce lyrisme ancien (« *un mourant qui nous jeta le dernier regard d'Orphée* », écrit Apollinaire dans « Poème lu au mariage d'André Salmon », v. 19, p. 60) pour mieux faire naître celui de la modernité.

L'envol du lyrisme moderne

• Le poème « Zone » (p. 12) ouvre le recueil sur le motif* du vol, comme l'annonce le vers 6 qui mentionne l'aérodrome de « *Port-Aviation* ». Les vers 42 à 70 le développent, en tissant un lien étroit entre toutes les images, des plus traditionnelles aux plus modernes. On trouve ainsi tout un bestiaire d'oiseaux mythiques et quotidiens et des références aux personnages mythologiques et bibliques qui se sont envolés, et tous « *fraternisent avec la volante machine* ».

• La suite du recueil inscrit d'autres figures de l'envol, avec, par exemple, « *la colombe* » de « Voie Lactée » (p. 26), l'« *Oiseau tranquille au vol inverse* » de « Cortège » (p. 48), les « *anges* » de « La blanche neige » (p. 60), « *cette abeille*

Arcture » dans « Clair de lune » (p. 111), jusqu'aux chanteuses de « Vendémiaire » (p. 120), « *ayant pris leur vol vers le brûlant soleil* ». Orphée et Icare se confondent dans cet élan, cet envol poétique qu'on pourrait lire comme l'envol du lyrisme moderne.

• L'écriture poétique d'Apollinaire repose bien sur un socle antique solide et revendiqué, qui est aussi un tremplin pour une ascension vers une modernité lyrique. C'est ce dynamisme, cette relance de l'ancien dans le nouveau, du passé dans le présent, qui caractérise la modernité du lyrisme d'Apollinaire.

ÉCLAIRAGE Jean-Michel Maulpoix, *Du lyrisme*

> Le poète marche sur un fil, quelques mètres au-dessus du sol (assez pour se rompre le cou d'un faux-pas), dans l'entre-deux qui en fin de compte est le nôtre, entre ciel et terre, puisque nous ne sommes ni des oiseaux ni des plantes… Lyrique, il prend le risque de la chute, ou simplement du ridicule. Il aspire toujours à l'envol, même si cette marche funambule sur la corde mince de ses phrases est désormais l'ultime espèce d'allègement dont il soit capable.
>
> © Éditions René Corti, 2000.

Questions

1. Que symbolise, pour vous, cette opposition entre « ciel » et « oiseaux » d'un côté, et « terre » et « plantes » de l'autre ? Dans quelle mesure rend-elle compte de la posture complexe de l'homme et du poète ?

2. De la même manière, comment comprenez-vous les deux possibilités du poète lyrique que sont « la chute » et « l'envol » ? Pourquoi risque-t-il d'être « ridicule » ?

3. À l'aide des notions que vous venez de lire, expliquez en quoi *Alcools* illustre une marche en équilibre entre le passé et le présent.

4. Après voir relu la dernière phrase du texte de Jean-Michel Maulpoix, expliquez pourquoi l'essentiel réside finalement plus dans la « marche funambule » que dans le fait de réussir l'envol ou de risquer la chute.

Explorer le parcours associé : « Modernité poétique ? »

2 Une réinvention de la poésie personnelle

La matière personnelle

- « *Chacun de mes poèmes est la commémoration d'un événement de ma vie* », écrit Apollinaire au poète et éditeur Henri Martineau. La matière même qui constitue le recueil *Alcools* est bien la vie de son auteur. Le poème « Zone » (p. 12) peut ainsi se lire comme une autobiographie* poétique, puisque le récit de l'enfance d'Apollinaire est tout à fait exact : il y cite « *le plus ancien de* [ses] *camarades René Dalize* », dresse la liste des lieux où il a vécu (« *Paris* », le « *bord de la Méditerranée* », « *Rome* », « *Amsterdam* », etc.), évoque aussi son quotidien (« *le zinc d'un bar crapuleux* » où côtoyer des femmes, telles « *Ferdine la fausse ou Léa l'attentive* »).

- Le recueil fait également la part belle aux poèmes des souvenirs amoureux écrits pour Annie Playden ou Marie Laurencin. Des titres évoquent des moments précis d'une vie (« Poème lu au mariage d'André Salmon », accompagné de la date précise du mariage de son ami, « *le 13 juillet 1909* », p. 60), et certains poèmes sont adressés aux amis chers ou aux artistes estimés, comme « Lul de Faltenin », adressé « *À Louis de Gonzague Frick* » (p. 74) ou encore « Rosemonde », « *À André Derain* » (p. 86). Le souvenir nourrit les poèmes d'*Alcools*. « Le voyageur » (p. 54) est ainsi rythmé d'un « *Je m'en souviens je m'en souviens encore* » (v. 10), repris régulièrement par la forme interrogative « *Te souviens-tu* » dont on ne sait si elle s'adresse à Fernand Fleuret, à qui ce poème est dédicacé, ou bien à Apollinaire lui-même.

> **ÉCLAIRAGE** Laurent Jenny, *La Poésie*
>
> Cette dimension allégorique* du *je lyrique* n'empêche nullement que ce *je* exprime des sentiments et les prenne pour objets. Mais, là encore, la vie affective où puise le poète est dégagée de son caractère anecdotique et particulier pour prendre une valeur universelle.
>
> © Université de Genève, 2003.

La construction de soi par le poème

- « Cortège » (p. 48) propose une clé de lecture de l'omniprésence des souvenirs personnels dans l'écriture poétique : « *Un jour je m'attendais moi-même/ Je me disais Guillaume il est temps que tu viennes* » (v. 20-21). Dans *Alcools*, c'est par le poème que le « je » personnel peut tenter de se construire.

- Mais il ne peut se constituer d'un seul tenant, ce n'est qu'en multipliant les tentatives d'approches que le poète semble tenter d'y parvenir. Le premier

indice de cet éclatement du « je » se trouve dans les diverses énallages*
par lesquelles le poète parle de lui-même. Le poème « Zone » (p. 12) est
tout entier écrit à la deuxième personne, alors que c'est bien Guillaume
Apollinaire qui se raconte. Le vers de « Cortège » cité plus haut reprend un
procédé similaire, le poète se parlant à lui-même et utilisant son propre
prénom, comme par dédoublement.

• À l'inverse, le « je » de certains poèmes est celui non pas du poète mais
d'un autre personnage, sans que rien ne vienne signaler clairement cette
substitution : l'absence volontaire de ponctuation exclut de fait les guille-
mets citationnels. Ainsi, le dernier vers de « La porte » (« *Enfant je t'ai donné
ce que j'avais travaille* », p. 64) pourrait être les mots de la « *maman* » citée
plus haut. Dans « L'émigrant de Landor Road » (p. 82), ce jeu se complexi-
fie. Un personnage est évoqué en troisième personne dans les premières
strophes comme celui ou celle qui « *entra du pied droit / chez un tail-
leur* » ; puis on assiste à une prise de la parole en première personne dès
la troisième strophe, sans que rien ne vienne justifier cette rupture : « *Mon
bateau partira demain pour l'Amérique / Et je ne reviendrai jamais* », avant
un retour à une troisième personne dans toute la suite du poème. Si c'est
bien Annie Playden qui est partie pour l'Amérique, c'est en revanche Apol-
linaire qui a erré dans la rue de « Landor Road » à Londres, lorsqu'il a tenté
de la reconquérir avant son départ. Il y a donc ici un brouillage à la fois des
figures et des modalités d'énonciation*.

• C'est encore « Cortège » qui, à la manière d'un art poétique, nous permet
de comprendre ces éclatements de la première personne : « *Tous ceux qui
survenaient et n'étaient pas moi-même / Amenaient un à un les morceaux
de moi-même* » (v. 61-62, p. 50). Le « je » intime ne peut se construire que
par la contribution de tous les autres « je », de tous ceux qui ont croisé la
route d'Apollinaire, fictifs ou réels. C'est donc un je nécessairement « plu-
riel » : « on n'est pas seul dans sa peau », comme le dira le poète Henri
Michaux.

« De l'horizon d'un homme à l'horizon de tous », Paul Éluard

• Le recueil *Alcools* est donc à l'image de la tour de Babel : « *On me bâtit
peu à peu comme on élève une tour* » (« Cortège », v. 63, p. 50). Mais alors
que ce monument est dans la Bible ce qui sépare les hommes par la mul-
tiplicité des langues, il devient dans le recueil ce qui crée le poète par la
multiplicité des corps et des voix. Dans « Vendémiaire » (p. 120), ce sont en
effet ces voix qui se multiplient : celles « *qu'éveillait dans la nuit la chan-
son de Paris* », mais également celles de toutes les villes où le poète s'est
rendu : « *Et Rennes répondit avec Quimper et Vannes* », « *Et Lyon répon-*

Explorer le parcours associé : « Modernité poétique ? »

dit », « *Les villes du Midi répondirent alors* »… Et c'est le poète qui se fait le réceptacle de toutes ces voix qui joignent les pays du monde entier et le passé au présent : « *j'entendis la prière qui joignait la limpidité de ces rivières* ». Il peut alors, après les avoir accueillies, chanter ses « *chants d'universelle ivrognerie* ».

> **LEXIQUE**
>
> Le substantif *poésie* est tiré du verbe grec ποιέω, *poiéô* (« faire, construire, créer ») et du suffixe -σις, *-sis*. Le sens premier du verbe ποιεῖν, *poieîn* est très concret : on l'emploie pour la construction d'un objet en bois, l'enfantement ou encore la production d'argent. C'est donc par métaphore qu'il désigne la création poétique, renvoyant le poète à la figure de l'artisan, celui qui travaille le langage comme un matériau.

• Ce « je » lyrique parvient donc à se dire, dans les tous derniers vers du recueil qui se lit comme une expérience poétique. Il n'est pas simplement Guillaume Apollinaire, il est le condensé du monde, il est l'universel. C'est pour cela qu'il est également celui qui possède le savoir : « *Moi qui sais* », dit le poète dans « La chanson du Mal-Aimé ».

• Ce savoir ultime, c'est moins, pour le poète, celui de savoir qui il est que celui de connaître le monde et de pouvoir le réinventer ou plutôt de le faire apparaître comme autre et nouveau : « *Je sais que seuls le [le monde] renouvellent ceux qui sont fondés en poésie* » (« Poème lu au mariage d'André Salmon », v. 10, p. 61). Le poète devient alors le créateur du monde comme de lui-même, retrouvant ainsi son rôle d'artisan.

> **« Citations à retenir**
>
> *Chacun de mes poèmes est la commémoration d'un événement de ma vie*
>
> Apollinaire, Lettre à Henri Martineau.
>
> ..
>
> *Je m'en souviens je m'en souviens encore*
>
> « Le voyageur », v. 10.
>
> ..
>
> *Un jour je m'attendais moi-même*
> *Je me disais Guillaume il est temps que tu viennes*
>
> « Cortège », v. 20-21 et 48-49.
>
> ..
>
> *On me bâtit peu à peu comme on élève une tour*
>
> « Cortège », v. 63.

ÉCLAIRAGE Victor Hugo, *Les Contemplations*, Préface, 1856

Une destinée est écrite là jour à jour.

Est-ce donc la vie d'un homme ? Oui, et la vie des autres hommes aussi. Nul de nous n'a l'honneur d'avoir une vie qui soit à lui. Ma vie est la vôtre, votre vie est la mienne, vous vivez ce que je vis ; la destinée est une. Prenez-donc ce miroir, et regardez-vous y. On se plaint quelque fois des écrivains qui disent moi. Parlez-nous de nous, leur crie-t-on. Hélas ! quand je vous parle de moi, je vous parle de vous. Comment ne le sentez-vous pas ? Ah ! Insensé qui croit que je ne suis pas toi !

Questions

1. Comment, selon vous, un recueil de textes qui racontent la vie d'un poète peut-il être le « miroir » de la vie de tous les autres hommes ?
2. Diriez-vous qu'Apollinaire partage l'avis de Victor Hugo ?
3. D'après votre lecture du recueil et du dossier de cette édition, pensez-vous que l'on puisse définir *Alcools* comme un « miroir » ? Miroir de qui ? de quoi ?

ÉCLAIRAGE Pierre Reverdy, *Le Gant de crin*

On a voulu tuer le romantisme. Il a la vie dure, il fallait le tuer.

Mais il est revenu sous toutes les autres appellations et dans le naturalisme primitif même.

Quand on s'est débarrassé du romantisme on est tombé généralement dans une désolante platitude.

Or, ce qu'il faut faire, qui est très simple mais extrêmement difficile, c'est fixer le lyrisme de la réalité. Et là devrait se borner tout le rôle de l'art, impuissant à rivaliser avec la réalité mais réellement propre à en fixer le lyrisme, que les artistes seuls sont aptes à bien dégager. On pourrait tirer de là cette définition : l'art est l'ensemble des moyens propres à fixer le lyrisme mouvant et émouvant de la réalité.

Œuvres complètes, © Flammarion, 1968.

Explorer le parcours associé : « Modernité poétique ? »

Questions

1. Recherchez les caractéristiques du lyrisme selon les poètes romantiques. Pourquoi a-t-on pu vouloir « tuer le romantisme » au XX[e] siècle ?
2. Comment comprenez-vous que la mort du lyrisme romantique ait fait tomber la poésie dans une « désolante platitude » ?
3. Si l'on a toujours pensé que le lyrisme résidait dans l'émotion personnelle du poète, il existe pour Reverdy dans la « réalité ». Pourquoi le poète est-il capable plus que les autres de « fixer » ce lyrisme du réel ?
4. La poétique d'Apollinaire dans *Alcools* vous semble-t-elle correspondre à cette définition moderne du lyrisme ?

3 *Alcools*, une poétique du monde moderne

La fascination pour le monde urbain

« Peut-on forcer la poésie à se cantonner hors de ce qui l'entoure, à méconnaître la magnifique exubérance de vie que les hommes par leur activité ajoutent à la nature et qui permet de machiner le monde de la façon la plus incroyable ? »[1]

- Ainsi s'interroge Apollinaire en 1917. *Alcools* est une belle démonstration de la manière dont le poète a choisi d'intégrer les nouvelles technologies dans son écriture poétique, et parfois de les situer à la source même de la création et de l'inspiration. « Zone » est à ce titre un poème essentiel. « *À la fin tu es las de ce monde ancien* », annonce le poète en ouverture, avant de dresser au fil des vers une liste des inventions les plus récentes, allant du métier des « *sténo-dactylographes* » à la « *grâce de cette rue industrielle* ». Placé en regard, à la fin du recueil, « Vendémiaire » (p. 120) reprend les thématiques de la ville industrielle, où les cheminées deviennent objets poétiques (« *les métalliques saints de nos saintes usines* », v. 42). L'électricité est mentionnée à plusieurs reprises : dans « La Chanson du Mal-Aimé » (« *flambants de l'électricité* », v. 287, p. 32) ; « J'ai eu le courage de regarder en arrière » (« *Et les roses de l'électricité s'ouvrent encore / Dans le jardin de ma mémoire* »,

[1]. Guillaume Apollinaire, *L'Esprit nouveau et les poètes*, 1917.

v. 47-48, p. 108), et « À la santé », où « *voici que brûle / Une lampe dans ma prison* » (v. 54-55, p. 115).

- Mais, on le voit, ces machines modernes sont presque toujours reliées à la nature. L'électricité est associée aux roses, les usines aux nuages, les autobus sont « *Des troupeaux d'autobus mugissants* » dans « Zone » (v. 72, p. 14) et, dans « La Chanson du Mal-Aimé », le poète décrit « *les tramways feux verts sur l'échine* » (v. 288, p. 32). La poésie permet donc de replacer ces machines inventées par les hommes dans une continuité avec leur nature propre.

- Loin de n'être que des objets froids et détachés du monde humain, elles prennent vie. « *Usines manufactures fabriques mains* », écrit le poète dans « Vendémiaire » (v. 46, p. 122), en une alternance, au sein de l'énumération*, entre les mains et les machines. Et quelques vers plus haut, les cheminées « *engrossent les nuées* » (v. 43), dans une magique et féconde interaction entre urbanisme et nature.

ÉCLAIRAGE Guillaume Apollinaire, *L'Esprit nouveau et les poètes*, 1917

> Tant que les avions ne peuplaient pas le ciel, la fable d'Icare[2] n'était qu'une vérité supposée. Aujourd'hui ce n'est plus une fable. Et nos inventeurs nous ont accoutumés à des prodiges plus grands que celui qui consisterait à déléguer aux hommes la fonction qu'ont les femmes de faire des enfants. Je dirai plus, les fables s'étant pour la plupart réalisées et au-delà, c'est au poète d'en imaginer de nouvelles que les inventeurs puissent à leur tour réaliser.

Voyages et migrations

> « *Ainsi il va, il court, il cherche. Que cherche-t-il ? À coup sûr, cet homme, tel que je l'ai dépeint, ce solitaire doué d'une imagination active, toujours voyageant à travers le grand désert d'hommes, a un but plus élevé que celui d'un pur flâneur, un but plus général, autre que le plaisir fugitif de la circonstance.* »[3]

- Baudelaire définit ainsi l'homme, « *voyageant à travers le grand désert d'hommes* ». En effet, le monde moderne peint dans *Alcools* est également celui des voyages, et c'est encore une fois le poème « Zone » qui ouvre cette thématique sur l'évocation de l'aérodrome de Port-Aviation ainsi que de nombreuses images de l'avion. Le motif revient alors régulièrement dans

[2]. Voir encart sur Icare dans « Je n'ai plus même pitié de moi... », p. 107.
[3]. Charles Baudelaire, *Le Peintre de la vie moderne*, chapitre IV, 1863.

Explorer le parcours associé : « Modernité poétique ? »

l'œuvre. Voyage en Amérique dans « Annie » (p. 39), « *Sur la côte du Texas entre Mobile et Galveston* », en Allemagne et en Asie dans « Marizibill » (p. 53) qui cite « *Cologne* », « *Munich* » et « *Changaï* », au Luxembourg dans « Le Voyageur » (p. 54), à Londres dans « L'Émigrant de Landor Road » (p. 82) et en Hollande dans « Rosemonde » (p. 86). C'est à un tour du monde poétique que nous convie Apollinaire, au gré des poèmes qui racontent ses propres voyages.

- Les titres mêmes de nombreux poèmes annoncent l'importance de cet élan : « Le voyageur », « L'émigrant », « Rhénanes d'automne », ou « *Au tournant d'une rue...* ». Et de manière logique, les moyens de transport sont cités de manière récurrente dans ces poèmes. Plus que l'autobus ou le tramway, les images liées au bateau et au train parcourent le recueil.

- Parfois la mélancolie s'empare de ces voyages, notamment dans l'évocation du « *long orphelinat des gares* » (« Le voyageur », p. 54), des « *kilomètres longs* » (« L'ermite », p. 77), ou encore dans la nostalgie et la solitude des migrants de « Zone » ou de « L'émigrant de Landor Road » : « *Sur le pont du vaisseau il posa sa valise / Et s'assit* » (v. 31-32, p. 83). Mais souvent, dans *Alcools*, c'est au contraire une exaltation presque mallarméenne qui se lit dans le voyage : « *Voici le paquebot et ma vie renouvelée* » (« Je flambe dans le brasier », p. 88).

« *Les villes que j'ai vues vivaient comme des folles* »[1]

- *Alcools*, enfin, reste célèbre pour son écriture de la ville et pour les liens qui le rapprochent de la section des « Tableaux parisiens » dans *Les Fleurs du mal* de Baudelaire. Ni Apollinaire, ni Baudelaire ne sont les premiers à parler de Paris dans leurs poèmes, à faire de la ville un objet poétique ; c'est la manière dont ils le font qui propose une réinvention totale de leur écriture poétique. Baudelaire lui-même va définir la modernité poétique en ces termes : « *dégager de la mode ce qu'elle peut contenir de poétique dans l'historique, tirer l'éternel du transitoire* ».

- La description de la ville de Guillaume Apollinaire peut tout à fait se lire à l'aune de cette définition. Paris, ainsi, est présente par ses caractéristiques immuables : ses ponts, ses rues, la Seine. Le vers célèbre « *Sous le pont Mirabeau coule la Seine* » dit l'éternel par le présent de vérité générale ; dans « Le brasier » (p. 87), la métaphore filée du vêtement montre la proximité de cette ville et du poète, elle fait partie de lui (« *Le fleuve épinglé sur la ville / T'y fixe comme un vêtement* », v. 21-22) ; « Marie », enfin, propose encore un lien étroit entre le poète et le fleuve parisien : « *Je passais au bord de la seine / Un livre ancien sous le bras* » (v. 21-22, p. 56).

1. « Le voyageur ».

La rue du Faubourg du Temple, à Paris, vers 1900.

« Citations à retenir

À la fin tu es las de ce monde ancien
« Zone », v. 1.

Des troupeaux d'autobus mugissant
« Zone », v. 72.

Les villes que j'ai vues vivaient comme des folles
« Le voyageur », v. 30.

Nos cheminées à ciel ouvert engrossent les nuées
« Vendémiaire », v. 43.

La modernité poétique définie par Baudelaire : « tirer l'éternel du transitoire ».

Charles Baudelaire, *Le Peintre de la vie moderne*, 1863.

• Cette image du « livre ancien » vient superposer une vision moderne de la ville, où tramways, autobus et usines se croisent, où l'électricité transforme Paris en Ville lumière, à une vision plus ancienne. Le détail de « Zone » est pittoresque, qui raconte que « *Les laitiers font tinter leurs bidons dans les rues* ». Le poème « *À la fin les mensonges...* » (p. 109) décrit, lui, une ville anonyme, mais dont « *Les rues sont mouillées de la pluie de naguère* » (v. 83), en un étrange hypallage* puisque si les rues peuvent être de « naguère », la pluie le peut difficilement. Ce temps passé se retrouve dans la dernière vision du poème : « *Une dame penchée à sa fenêtre m'a regardé longtemps / M'éloigner en chantant* ». Ici, si la ville est moderne, le poète reste le chevalier du Moyen Âge que la

Explorer le parcours associé : « Modernité poétique ? »

femme aimée regarde du haut de son donjon comme en une réécriture de la *fin'amor*[1] des romans courtois. La poésie moderne réside, enfin, dans la litanie* des noms de ville égrenés au fil du recueil, et dans cette poétique de la liste revient, toujours, Paris.

ÉCLAIRAGE Henri Meschonnic, *Pour la poétique III, Une parole écriture*

> C'est dans cette époque riche et complexe que la poésie d'Apollinaire prend son sens et non si on l'étudie seule […] et parce qu'elle est exploration d'un homme, elle est exploration du langage ; elle n'est pas travail du langage sur le langage seul ; elle est l'approche inquiète d'un moi, d'un être qui se cherche dans l'histoire, sous des formes fuyantes, […] conscience d'un monde nouveau dans des rythmes nouveaux.
>
> © Gallimard, 1973.

Questions

1. Pourquoi, selon Henri Meschonnic, ne peut-on pas séparer la poésie d'Apollinaire de son contexte historique et culturel ?
2. Quelle importance donne-t-il aux explorations du langage par Apollinaire dans *Alcools* ?
3. Comment pouvez-vous justifier le fait que, dans *Alcools*, le poète « se cherche dans l'histoire » ?
4. Dans quelle mesure le « rythme nouveau » de la poésie d'Apollinaire permet-il de rendre compte d'un « monde nouveau » ?

1. Dans l'amour courtois au Moyen Âge, la *fin'amor* place ce sentiment au sommet de toutes les lois sociales ou religieuses, dans un idéal de respect, de soumission, de générosité presque mystique.

4 La poésie moderne comme art du bricolage en liberté

« Une boutique de brocanteur »[2]

• Comme un brocanteur rassemble en sa boutique des objets du passé, Apollinaire rassemble des formes poétiques traditionnelles, empruntées à diverses époques. On peut tout d'abord rappeler la persistance dans le recueil du vers mesuré. Le tout premier vers de « Zone » annonce d'emblée le paradoxe* de cette poétique : à la lassitude de « *ce monde ancien* » se superpose le choix de l'alexandrin*, bien ancien pourtant. On retrouve ce vers dans plusieurs poèmes, tels « La Loreley » (p. 96), « Les fiançailles » (p. 106) ou encore « Clair de lune » (p. 111). L'octosyllabe est également très présent, dans « La Chanson du Mal-Aimé » par exemple, où Apollinaire cite le « *lais pour les reines* » (v. 96, p. 24), forme fixe du Moyen Âge qui employait ce mètre.

• Les formes fixes sont elles aussi les signes de la persistance d'une poésie ancienne dans le recueil. Certains poèmes, comme « Le pont Mirabeau » (p. 18), proposent une alternance de strophes construite de manière très régulière : entre les quatrains* hétérométriques* vient se placer un distique d'heptasyllabes*, à la manière de l'alternance couplet-refrain d'une chanson médiévale. Les distiques*, les quatrains*, les quintiles* sont par ailleurs très fréquents dans le recueil. Les rimes, enfin, sont souvent conservées par le poète. On peut relire « Palais » (p. 36), dont les premiers quatrains respectent non seulement un schéma de rimes croisées*, mais également l'alternance entre rimes masculines et rimes féminines*.

ÉCLAIRAGE Georges Duhamel, *Mercure de France*, 16 juin 1913

> Je dis : boutique de brocanteur parce qu'il est venu échouer dans ce taudis une foule d'objets hétéroclites dont certains ont de la valeur mais dont aucun n'est le produit de l'industrie du marchand. C'est bien là une des caractéristiques de la brocante : elle revend, elle ne fabrique pas. Elle revend parfois de curieuses choses ; il se peut que l'on trouve, dans ses étalages crasseux, une pierre de prix montée sur un clou. Tout cela vient de loin ; mais la pierre est

[2]. Expression employée par George Duhamel pour désigner *Alcools*, dans son compte-rendu publié au *Mercure de France*, le 15 juin 1913 (voir « Éclairage »).

Explorer le parcours associé : « Modernité poétique ? »

agréable à voir. Pour le reste, c'est un assemblage de faux tableaux, de vêtements exotiques et rapiécés.

« Pardonnez-moi de ne plus connaître l'ancien jeu des vers »[1]

- Si Apollinaire s'excuse ici et joue l'ignorance, c'est évidemment par un jeu de dupes. *Alcools* superpose en effet la reprise savante des formes traditionnelles et le bousculement du vers. Ainsi, le vers libre est essentiel dans le recueil puisqu'il est présent dès le poème initial, « Zone », et repris, de manière symétrique, dans le dernier, « Vendémiaire ». Ce vers n'est pas neuf au moment de la publication d'*Alcools*, il est employé dès la fin du XIX[e] siècle. « *Pardonnez-moi mon ignorance...* » (p. 108) en est une autre parfaite illustration, par la totale hétérométrie de ses vers qui comptent entre 6 et 15 syllabes, et dont le décompte est d'ailleurs très complexe. Le rythme du poème se fait alors mouvant, ce qu'accentue la quasi disparition des rimes : une seule subsiste, « *uniquement* » / « *divinement* », qui ne semble présente que par son caractère provocateur puisqu'il s'agit d'une rime interdite[2].

- Par ailleurs, la veille d'envoyer son manuscrit relu à l'éditeur, Apollinaire décide de supprimer toute la ponctuation de ses poèmes. Il faut voir dans cet acte un véritable coup de tonnerre, plus que dans la présence des vers libres ; Henri Martineau décrit ainsi Apollinaire[3] : « *Nous savons aussi combien il excelle à pousser la farce jusqu'à la mystification. Nous voilà averti ; et, avant même que de lire ses vers, notons dès le volume ouvert ce nouveau souci de négliger toute ponctuation et qui nous livre deux cents pages sans un point ni une virgule.* »

- Enfin, c'est le vocabulaire de l'écriture poétique qu'Apollinaire décide de bouleverser dans *Alcools*. De la même manière que le choix de la chanson comme forme récurrente annonce l'importance pour le poète de l'oralité, le lexique fortement prosaïque participe du renouveau poétique. Il s'agit d'un jargon moderne (« *automobile* » ou « *sténo-dactylographes* » dans « Zone »), de détails concrets du quotidien (« *Les laitiers font tinter leurs bidons* » dans le même poème), du vocabulaire de la prostitution (« Marizibill », « *tirée d'un bordel* », ou encore, dans « 1909 », les « *femmes atroces dans les quartiers énormes* »). C'est aussi l'évocation de réalités physiques (« *Les nuages coulaient comme un flux menstruel* » dans « Merlin et la vieille femme », « *Comme un poupon chéri mon sexe est innocent* » dans « L'ermite ») ou encore la présence d'onomatopées* enfantines comme le « *hi han* » de l'âne de « Rhénane d'automne » qui renouvellent le genre.

1. « *Pardonnez-moi mon ignorance...* » v. 50, p. 108.
2. On ne doit pas faire rimer des suffixes identiques, et les adverbes sont bannis de la poésie.
3. Henri Martineau, *Le Divan*, « Les Poèmes », 1913.

Le vers libre

Il se définit par trois caractéristiques[4] :

1. **Son rythme est relâché** : on substitue à la lecture syllabique traditionnelle du vers une lecture plus proche de la prononciation orale habituelle.
2. **La rime n'est pas systématique** : elle peut jouer sur les proximités phonétiques des mots, des assonances, mais peut également ne pas exister.
3. Seul le **blanc*** sur la page du poème et le sens qui unit les vers permet de déterminer les **strophes**, qui contiennent des **vers de rythmes différents**.

« *La liberté complète du poète* »[5]

- Il faut donc pour finir interroger la « modernité poétique » d'Apollinaire. On le voit, cette modernité n'est pas la revendication du neuf, du bouleversement des codes poétiques comme un but en soi. Le poète, dans *Alcools*, semble interroger le lecteur sur ces codes en jouant sur une esthétique de la surprise qui renouvelle l'émerveillement face à la poésie. Ainsi, « Chantre » (p. 38), avec son seul vers « *Et l'unique cordeau des trompettes marines* », allie la perfection de l'alexandrin et la surprise d'un poème au vers « *unique* », tendu comme la corde de cette « *trompette* » qui à elle seule est musicalité.

- Apollinaire s'en explique ainsi : « *Pour ce qui est de la poésie libre dans Alcools il ne peut y avoir aujourd'hui de lyrisme authentique sans la liberté complète du poète et même s'il écrit en vers réguliers c'est sa liberté qui le convie à ce jeu ; hors de cette liberté il ne saurait plus y avoir de poésie. Si vous ne reconnaissez pas cette vérité essentielle votre esprit étouffé dans les limites d'une convention qui n'a plus de raison d'être ne pourra se développer* »[5]. Il n'y a pas d'autre désir que celui d'être libre, pour que la création elle-même le soit. Le projet poétique d'Apollinaire est là : le refus des conventions n'est que refus des limites que celles-ci imposent à l'inspiration et à la voix du poète. Lorsqu'elles correspondent à ce qu'il veut transmettre, elles ne sont pas des jougs. La modernité poétique d'*Alcools* est dans cette liberté totale : suivre la tradition ou innover, qu'importe, tant que l'esprit se libère.

[4]. Brigitte Bercoff, *La Poésie*, Hachette, 1999, p. 102.
[5]. Guillaume Apollinaire, *Lettres à sa marraine*, « Lettre du 30 octobre 1915 », Gallimard, 1951.

Explorer le parcours associé : « Modernité poétique ? »

ÉCLAIRAGE Dominique Fourcade, *Improvisations et arrangements*

Le passé contient le moderne et c'est à nous de l'y découvrir. La quête du moderne dans le passé est l'une des tâches auxquelles nous devons nous atteler. […] Rien de ce qui est moderne ne peut avoir de poids ni de nouveauté si l'écrivain ou le peintre ne ramène pas à lui dans un geste brusque l'ensemble du passé.

© P.O.L., 2018.

« Citations à retenir

« Boutique de brocanteur »

Expression de Georges Duhamel pour désigner *Alcools*.

..

« Pardonnez-moi de ne plus connaître l'ancien jeu des vers »

« Pardonnez-moi mon ignorance… », v 52.

..

« Deux cents pages sans un point ni une virgule »

Henri Martineau commentant *Alcools*.

..

« Et l'unique cordeau des trompettes marines »

« Chantre »

ÉCLAIRAGE Henri Clouard, *Revue critique des idées et des livres*, « Petite anthologie des poètes », 25 juillet 1913

M. Guillaume Apollinaire a le plus grand mépris de ses contemporains. Il ne les juge pas capables de le comprendre, et son langage leur fait des concessions. Pourquoi n'a-t-il pas écrit tous les vers d'*Alcools* à la file, tous ses poèmes à la queue leu leue [*sic*], sans blancs*, sans pagination, puisqu'il y supprima les points et jusqu'à l'humble virgule ? Lisez pourtant cette « Marie » : [*texte du poème,* voir p. 56-57]

Il me semble que M. Apollinaire se bat les flancs, qu'en dites-vous ? Je croirais volontiers qu'il n'est qu'intelligence érudite, et c'est une mauvaise condition pour la poésie. Vous me dites que tant de poètes sont bêtes…

Questions

1. Pourquoi, selon Henri Clouard, Apollinaire a-t-il « *le plus grand mépris de ses contemporains* » ?
2. Le critique souhaite-t-il réellement la suppression des « blancs » et de la « pagination », ou est-il ironique ?
3. Se « battre les flancs » signifie faire de grands efforts, mais sans grands résultats. Dans le poème « Marie », où sont ces efforts que Clouard reproche à Apollinaire d'avoir faits pour plaire à ses contemporains ?
4. Comprenez-vous la critique de cette « *intelligence érudite* » faite à l'encontre du poète ? Que révèle-t-elle de ce que pense Henri Clouard de la poésie moderne ?

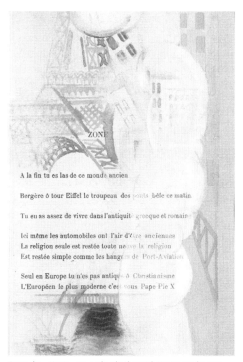

Page de « Zone » avec dessin de Louis Marcoussis, BnF, Paris.

Explorer le parcours associé : « Modernité poétique ? »

LECTURE D'IMAGES

Apollinaire et les peintres

1. Robert Delaunay, *La Tour Eiffel*, 1926

- Cinq années seulement séparent les naissances de Guillaume Apollinaire et de Robert Delaunay, dont les chemins se croisent rapidement : ils se rencontrent en 1907, à Paris.

- Delaunay est un peintre autodidacte. Après des études rapides dans l'univers du décor de théâtre, il se concentre sur la peinture et expose au Salon des Indépendants en 1904, à dix-neuf ans. La relation des deux artistes est très représentative des liens qui unissent peintres et poètes au début du XIXe siècle.

- Apollinaire parle de Robert Delaunay dans son essai *Les Peintres cubistes*, et il écrit dans les *Calligrammes*, en 1918, un poème intitulé « Les fenêtres » inspiré de la série de toiles du même nom de Delaunay. Il définit le cubisme comme « *peinture pure* », ou encore « *art du mouvement de la couleur* », expressions souvent reprises pour désigner la peinture de Delaunay qui tente de reproduire l'agitation du monde moderne, sa frénésie, par le travail de la couleur et de la lumière.

Robert Delaunay, *La Tour Eiffel*, 1926, huile sur toile, 169 x 86 cm, centre Pompidou, Paris.

Questions

1. Comment le monument est-il mis en valeur ?
2. Quels effets sont produits par le choix de la contre-plongée pour représenter la tour Eiffel ?
3. La tour Eiffel ne semble pas tenir sur l'espace de la toile. Pourquoi n'est-elle pas représentée dans son ensemble ?
4. Quels éléments de la représentation sont réalistes ? Lesquels ne le sont pas ?
5. Observez la couleur dominante de cette toile. Quels sens symboliques peut-elle prendre, surtout si on l'associe au mouvement général de la représentation ?
6. Pourquoi peut-on dire que la tour Eiffel semble métamorphosée en une palette de peintre ? Qu'est-ce que cela vous dit des liens qui unissent la ville et l'artiste ?

2. Pablo Picasso, *Arlequin assis*, 1901

• Guillaume Apollinaire rencontre Pablo Picasso en 1905, dans un bar où il lui est présenté par Max Jacob. Très rapidement, il découvre au Bateau-Lavoir les toiles de ce peintre encore peu connu, qu'il évoquera dans *Les Peintres cubistes*, aux côtés de Robert Delaunay.

• Peintre précoce (il peint sa première toile à l'âge de huit ans), Pablo Picasso s'installe en 1900 à Paris, à l'occasion de l'exposition universelle où l'Espagne est représentée par un de ses tableaux. Cette même année, un de ses amis proches se donne la mort, ouvrant chez Picasso une période de toiles mélancoliques et nostalgiques aux tonalités bleues très marquées, que l'on appellera plus tard la « période bleue », par opposition à la « période rose » qui débute en 1904.

Pablo Picasso, *Arlequin assis*, 1901, huile sur toile, 83,2 × 61,3 cm, Metropolitan Museum of Art, New York.

• Tout au long de sa vie, Picasso peint des Arlequins. Dans ce personnage de commedia dell'arte, valet comique, crédule et paresseux, il lit le visage de l'artiste seul et fragile : ces arlequins sont à considérer comme des autoportraits du peintre mélancolique, des métaphores du double.

Explorer le parcours associé : « Modernité poétique ? »

Questions

1. Faites des recherches sur le costume d'Arlequin. Est-il ici représenté de manière traditionnelle par Picasso ? Pourquoi, selon vous ?
2. Si Arlequin est un personnage de comédie ancien et fictif, pourquoi semble-t-il ici tout à fait réel ? Quel effet cela produit-il ?
3. Observez l'attitude du personnage. Pourquoi est-il peint « assis » ? Sa posture est-elle logique au regard de la table ? Que semble-t-elle signifier ?
4. La représentation du corps échappe au réalisme. Quelles parties sont disproportionnées ? Pourquoi ?
5. Très stylisé, le visage du personnage n'en est pas moins expressif. Que lisez-vous dans son regard ?

3. De la *Tour Eiffel* à *Arlequin*, lecture croisée

Ces deux tableaux peuvent être observés ensemble, tant par leurs caractéristiques communes que par ce qu'ils reflètent des spécificités du recueil de Guillaume Apollinaire, *Alcools*.

Questions

1. Rattachez à chacune de ces deux toiles un poème du recueil *Alcools* et justifiez précisément votre choix.
2. Dans quelle mesure correspondent-ils chacun à un élan du recueil d'Apollinaire ?
3. En quoi sont-ils, comme *Alcools*, fondés à la fois sur la tradition et sur le neuf ?
4. La tour Eiffel ne semble-t-elle pas, mieux que la toile de Picasso, représenter le costume d'Arlequin ?
5. De la même manière que Picasso se peint sous les traits d'Arlequin, ne peut-on pas comparer Apollinaire à ce personnage de la commedia dell'arte ? Que pourrait alors symboliser, poétiquement, le costume fait de morceaux de tissus cousus ensemble ?

ÉCLAIRAGE Jean-Michel Maulpoix, *Apollinaire en Arlequin. Observations sur le lyrisme de Guillaume Apollinaire dans* Alcools

En recyclant à sa guise d'anciens mythes, en s'appropriant en fraude toutes sortes d'images et d'objets, il redonne de la force et des contours à cette identité de poète dont l'aura est tombée dans la boue et qui ne peut plus être ni celle du prophète romantique ni celle du maudit verlainien. Il en rafraîchit la défroque en en faisant une sorte d'habit d'Arlequin simultanéiste, à la manière des nombreux saltimbanques peints par Pablo Picasso… C'est un peu comme si Orphée, changé en arlequin, portait tel un costume son propre démembrement, c'est-à-dire des morceaux de soi…

© Fabula / Les colloques, *Problèmes d'Alcools*, 2012.

Pablo Picasso, dessin du rideau de *Parade*, ballet composé par Érik Satie en 1917, sur un poème de Jean Cocteau, avec des décors créés par Pablo Picasso. Bibliothèque de l'Opéra, Paris.

Explorer le parcours associé : « Modernité poétique ? »

GROUPEMENT DE TEXTES

Dans le sillage d'Apollinaire : le lyrisme de la modernité

« *Au commencement de l'aventure, Apollinaire est là* »[1]. Si cette formule de Philippe Sollers évoque principalement l'aventure cubiste, on peut cependant l'appliquer à l'aventure poétique du XXe siècle. La poésie d'Apollinaire ne peut en effet se lire ni se comprendre sans en explorer les liens avec les poètes de son époque. Sa mort prématurée le place comme une figure tutélaire, un précurseur, qui marque fortement les surréalistes et ceux qui, comme Aimé Césaire, empruntent leur sillage. Les poèmes de ce groupement témoignent de liens indéfectibles entre les auteurs. Apollinaire y est partout présent, pour reprendre les termes de Paul Éluard, tant comme celui « *qui inspire* » que celui qui « *est inspiré* »[2]. Ces textes permettent ainsi de saisir, depuis Apollinaire, l'élan et la diversité de la modernité poétique du XXe siècle.

Texte 1 Max Jacob, *Le Laboratoire central*

- *Né en 1876, Max Jacob s'installe à Paris en 1898 pour rédiger des critiques d'art. Il rencontre Picasso qui devient l'un de ses plus proches amis et lui présente, en 1904, Guillaume Apollinaire. Les trois hommes fréquentent les mêmes milieux artistiques, notamment la cité d'artistes du Bateau-Lavoir où Picasso s'installe. Pour vivre plus près de son ami, Max Jacob loue une chambre au 7 rue Ravignan, rue décrite dans ce poème et dont il se souvient avec mélancolie alors qu'il a quitté Paris pour Quimper.*

- *Le recueil réunit des textes écrits principalement avant la Première Guerre mondiale, majoritairement des poèmes en prose dans lesquels on retrouve le goût que partage Apollinaire pour le lexique trivial, prosaïque, et pour l'insolite.*

[1]. Philippe Sollers, *Picasso, le héros*, 2002.
[2]. « *Le poète est celui qui inspire bien plus que celui qui est inspiré. Les poèmes ont toujours de grandes marges blanches, de grandes marges de silence, où la mémoire ardente se consume pour recréer un délire sans passé.* » (Paul Éluard, *L'Évidence poétique*, 1939.)

« La rue Ravignan »

Importuner mon Fils à l'heure où tout repose
Pour contempler un mal dont toi-même souris ?
L'incendie est comme une rose
Ouverte sur la queue d'un paon gris.
Je vous dois tout, mes douleurs et mes joies…
J'ai tant pleuré pour être pardonné !
Cassez le tourniquet où je suis mis en cage !
Adieu, barreaux, nous partons vers le Nil ;
Nous profitons d'un Sultan en voyage
10 Et des villas bâties avec du fil
L'orange et le citron tapisseraient la trame
Et les galériens ont des turbans au front.
Je suis mourant, mon souffle est sur les cimes !
Des émigrants j'écoute les chansons
Port de Marseille, ohé ! la jolie ville,
Les jolies filles et les beaux amoureux !
Chacun ici est chaussé d'espadrilles :
La Tour de Pise et les marchands d'oignons.
Je te regrette, ô ma rue Ravignan !
20 De tes hauteurs qu'on appelle antipodes[3]
Sur les pipeaux m'ont enseigné l'amour
Douces bergères et leurs riches atours
Venues ici pour nous montrer les modes.
L'une était folle ; elle avait une bique
Avec des fleurs à ses cornes de Pan ;
L'autre pour les refrains de nos fêtes bacchiques[4]
La vague et pure voix qu'eût rêvée Malibram[5]

3. Point diamétralement opposé à un autre point de la surface du globe.
4. De Bacchus, ou Dionysos, dieu de l'ivresse et de la fête.
5. Maria Malibran, une des cantatrices les plus célèbres du XIXe siècle.

L'impasse de Guelma a ses corrégidors[1]
Et la rue Caulaincourt ses marchands de tableaux
30 Mais la rue Ravignan est celle que j'adore
Pour les cœurs enlacés de ses porte-drapeaux.
Là, taillant des dessins dans les perles que j'aime,
Mes défauts les plus grands furent ceux de mes poèmes.

© Poésie / Gallimard, 1917.

Questions

1. Dans la première strophe, quels éléments montrent le désir d'un ailleurs chez le poète ?
2. Comment cet ailleurs est-il décrit ? Que pense y trouver le poète ?
3. La deuxième strophe évoque la nostalgie de Paris. Que regrette-t-il surtout ?
4. Observez la comparaison aux vers 3-4. Comment permet-elle de décrire « l'incendie » ?
5. Les cubistes emploient fréquemment dans leurs peintures la technique du collage, en superposant ou en juxtaposant plusieurs motifs. Comment cette technique picturale est-elle réinventée poétiquement pour décrire la « rue Ravignan » dans la dernière strophe ?
6. **ÉTUDE DE LA LANGUE** Au vers 9, quelles sont la nature et la fonction d'« *un Sultan en voyage* » ?

[1]. Le corregidor était l'équivalent d'un gouverneur dans les villes espagnoles. Cette impasse de Montmartre a vu passer de nombreux peintres au début du XXe siècle, dont Dufy, Utrillo et Braque.

Texte 2 Blaise Cendrars, *Dix-neuf Poèmes élastiques*, 1919

Blaise Cendrars naît en Suisse en 1887. Dès l'âge de quinze ans, il entreprend de longs voyages autour du monde, dont il rend compte dans ses poèmes publiés à partir de 1912. Apollinaire est très marqué par la lecture de La Prose du transsibérien et de la petite Jehanne de France, *publiée en 1913, et c'est sans doute cette découverte qui lui fait reprendre l'ordre des poèmes d'*Alcools *et en supprimer toute ponctuation. Le poème « Contrastes » est tiré du recueil* Dix-neuf Poèmes élastiques, *publié en 1919.*

« Contrastes »

Les fenêtres de ma poésie sont grand'ouvertes sur les boulevards et dans ses vitrines
Brillent
Les pierreries de la lumière
Écoute les violons des limousines et les xylophones des linotypes[2]
Le pocheur[3] se lave dans l'essuie-main du ciel
Tout est taches de couleurs
Et les chapeaux des femmes qui passent sont des comètes dans l'incendie du soir

L'unité
Il n'y a plus d'unité
Toutes les horloges marquent maintenant 24 heures après avoir été retardées de dix minutes
Il n'y a plus de temps.
Il n'y a plus d'argent.
À la Chambre[4]
On gâche les éléments merveilleux de la matière première

2. Ancienne machine d'imprimerie.
3. Ouvrier dans la fonderie.
4. Chambre des députés, ou Assemblée nationale.

Explorer le parcours associé : « Modernité poétique ? »

Chez le bistro
Les ouvriers en blouse bleue boivent du vin rouge
Tous les samedis poule au gibier[1]
On joue
On parie
De temps en temps un bandit passe en automobile[2]
Ou un enfant joue avec l'Arc de Triomphe[3]…
Je conseille à M. Cochon de loger ses protégés à la Tour Eiffel[4].

Aujourd'hui
Changement de propriétaire
Le Saint-Esprit se détaille chez les plus petits boutiquiers
Je lis avec ravissement les bandes de calicot
De coquelicot
Il n'y a que les pierres ponces de la Sorbonne qui ne sont jamais fleuries
L'enseigne de la Samaritaine laboure par contre la Seine
Et du côté de Saint-Séverin
J'entends
Les sonnettes acharnées des tramways

Il pleut les globes électriques
Montrouge Gare de l'Est Métro Nord-Sud bateaux-mouches monde
Tout est halo
Profondeur
Rue de Buci on crie *L'Intransigeant* et *Paris-Sports*[5]
L'aérodrome du ciel est maintenant, embrasé, un tableau de Cimabue[6]

[1]. Jeu de loto où le lot principal était une pièce de gibier.
[2]. Allusion à « la bande à Bonnot », voleurs célèbres arrêtés en 1912.
[3]. Au début du XXe siècle, plusieurs aviateurs sont passés sous l'Arc de Triomphe.
[4]. Georges Cochon, militant qui a lutté contre son expulsion de son logement par la police et a contribué à créer la première association pour protéger les locataires.
[5]. La rue de Buci est connue pour être l'une des premières où s'est manifestée la révolution de 1848. Les parisiens y criaient « Vive la république ! » en signe de ralliement.
[6]. Peintre italien de la pré-Renaissance.

Quand par devant
Les hommes sont
Longs
Noirs
Tristes
Et fument, cheminées d'usine
Octobre 1913

Au Sans Pareil, 1919.

Questions

1. Comment la ville de Paris s'inscrit-elle dans ce poème ?
2. Relisez la première et la dernière strophe. Quelles oppositions voyez-vous, dans les mondes décrits comme dans le lexique des couleurs et de la lumière ?
3. Le poète vous semble-t-il plus intéressé par les quartiers riches de Paris ou par ses quartiers populaires ? Justifiez précisément votre réponse.
4. Quel regard le poète porte-t-il sur les ouvriers, leur vie, leurs loisirs ?
5. Justifiez le titre du poème.
6. **ÉTUDE DE LA LANGUE** Faites l'analyse grammaticale de la phrase des vers 1 à 3.

Texte 3 Pierre Reverdy, *Sources du vent*, 1913-1949

La jeunesse de Pierre Reverdy épouse celle de Guillaume Apollinaire. Il arrive à Paris en 1910, à l'âge de 21 ans, et c'est au Bateau-Lavoir qu'il se fait ses premiers amis qui comptent, en plus d'Apollinaire, Max Jacob, André Breton, Louis Aragon, Philippe Soupault... On reconnaît les principaux fondateurs du surréalisme, mouvement dont il est un des inspirateurs. Comme Apollinaire encore, il suit de très près l'aventure cubiste. Picasso, Braque, Joan Miro sont parmi ses plus proches amis et il leur consacre de nombreux essais dans lesquels il interroge souvent les liens entre la peinture et la poésie.

Explorer le parcours associé : « Modernité poétique ? »

« Sur la pointe des pieds »

Il n'y a plus rien qui reste
 entre mes dix doigts
Une ombre qui s'efface
 Au centre
 un bruit de pas
Il faut étouffer la voix qui monte trop
Celle qui gémissait et qui ne mourait pas
Celle qui allait plus vite
C'est vous qui arrêtiez ce magnifique élan
10 L'espoir et mon orgueil
 qui passaient dans le vent
Les feuilles sont tombées
 pendant que les oiseaux comptaient
 les gouttes d'eau
Les lampes s'éteignaient derrière les rideaux
Il ne faut pas aller trop vite
Crainte de tout casser en faisant trop de bruit

Main d'œuvre, © Mercure de France, 1981.

Questions

1. Relevez dans ce poème l'isotopie* du bruit. Qu'en pense le poète ? Faut-il faire du bruit ou bien au contraire le taire ?
2. La « *voix qui monte trop* » semble faire référence au lyrisme : que peut-on en déduire de ce que pense Reverdy du lyrisme ?
3. Relevez les nombreuses images du vide, de la chute, de l'absence et expliquez ce qu'elles disent de l'écriture poétique.
4. Comment comprenez-vous alors le titre du poème ?
5. **ÉTUDE DE LA LANGUE** Analysez l'expression de la négation dans le poème.

Texte 4 André Breton, *Clair de terre*, 1923

Après une collaboration avec Philippe Soupault et Louis Aragon dans la revue Littérature *qu'ils fondent en 1919, André Breton signe en 1924 le* Manifeste du surréalisme, *un texte qui fixe les contours*

du mouvement littéraire dont il devient le chef de file. Grand lecteur d'Apollinaire, c'est de la préface de son drame Les Mamelles de Tirésias *qu'il tire le terme « surréalisme ». Le recueil* Clair de terre, *publié en 1923, réunit des poèmes écrits avec la technique de l'écriture automatique. « Tournesol » évoque une rencontre amoureuse dans les rues de Paris qui, « hasard objectif » selon ses mots, préfigure les conditions de sa rencontre en 1934 avec Jacqueline Lamba qui deviendra sa seconde épouse.*

« Tournesol »

À Pierre Reverdy

La voyageuse qui traverse les Halles à la tombée de l'été
Marchait sur la pointe des pieds
Le désespoir roulait au ciel ses grands arums[1] si beaux
Et dans le sac à main il y avait mon rêve ce flacon de sels[2]
Que seule a respiré la marraine de Dieu
Les torpeurs se déployaient comme la buée
Au Chien qui fume[3]
Ou venaient d'entrer le pour et le contre
La jeune femme ne pouvait être vue d'eux que mal et de biais
10 Avais-je affaire à l'ambassadrice du salpêtre[4]
Ou de la courbe blanche sur fond noir que nous appelons pensée
Les lampions prenaient feu lentement dans les marronniers
La dame sans ombre s'agenouilla sur le Pont-au-Change
Rue Git-le-Cœur les timbres n'étaient plus les mêmes
Les promesses de nuits étaient enfin tenues
Les pigeons voyageurs les baisers de secours
Se joignaient aux seins de la belle inconnue
Dardés sous le crêpe des significations parfaites
Une ferme prospérait en plein Paris

1. Fleurs en forme de longs cornets blancs.
2. Sels de pâmoison : cristaux à base d'ammoniac que l'on faisait respirer aux personnes évanouies pour les réveiller.
3. Restaurant traditionnel du quartier des Halles, toujours en activité aujourd'hui.
4. Cristaux blancs ou gris que l'on trouve sur les murs humides.

Explorer le parcours associé : « Modernité poétique ? »

20 Et ses fenêtres donnaient sur la voie lactée
Mais personne ne l'habitait encore à cause des survenants
Des survenants qu'on sait plus dévoués que les revenants
Les uns comme cette femme ont l'air de nager
Et dans l'amour il entre un peu de leur substance
Elle les intériorise
Je ne suis le jouet d'aucune puissance sensorielle
Et pourtant le grillon qui chantait dans les cheveux de cendres
Un soir près de la statue d'Étienne Marcel
M'a jeté un coup d'œil d'intelligence
30 André Breton a-t-il dit passe

Questions

1. Relevez les marques de la temporalité et le lexique de la lumière. À quel moment de la journée se situe-t-on ? Quelle évolution voyez-vous au fil du texte ?
2. Quels éléments du poème décrivent la jeune femme ? Pouvez-vous en faire son portrait ?
3. Cette femme fait-elle réellement partie de la ville ou est-elle à part ?
4. Comment se manifeste le poète dans ce texte ? Comment comprenez-vous les quatre derniers vers ?
5. **ÉTUDE DE LA LANGUE** Dans le dernier vers du poème, vous expliquerez la construction et la cause de l'inversion sujet-verbe.

Texte 5 Louis Aragon, *Le Mouvement perpétuel*, 1926

Comme André Breton, Louis Aragon débute des études de médecine avant de devenir poète et romancier. Breton et Aragon se rencontrent à l'hôpital du Val-de-Grâce, où ils suivent les mêmes cours. La vie d'Aragon comme son œuvre sont marquées par deux grands engagements : son amour pour Elsa Triolet et son militantisme au sein du parti communiste. Le recueil Le Mouvement perpétuel *paraît en 1926 et rassemble des poèmes écrits entre 1920 et 1924 représentatifs des techniques novatrices des surréalistes. C'est le cas du poème « Un air embaumé », hommage à Apollinaire dans lequel le poète rénove la forme traditionnelle du sonnet.*

« Un air embaumé »

Les fruits à la saveur de sable
Les oiseaux qui n'ont pas de nom
Les chevaux peints comme un pennon[1]
Et l'Amour nu mais incassable

Soumis à l'unique canon[2]
De cet esprit changeant qui sable
Aux quinquets[3] d'un temps haïssable
Le champagne clair du canon

Chantent deux mots Panégyrique[4]
Du beau ravisseur de secrets
Que répète l'écho lyrique

Sur la tombe mille regrets
Où dort dans un tuf[5] mercenaire[6]
Mon sade[7] Orphée Apollinaire

1. Drapeau en forme de pointe que les chevaliers du Moyen Âge portaient au bout de leur lance.
2. Règle, loi.
3. Lampes à huile.
4. Discours qui fait l'éloge d'une personne.
5. Roche volcanique légère et poreuse. Au sens figuré, désigne le socle, le fondement essentiel d'une chose.
6. Personne qui est rétribuée pour son service, par extension soldat engagé volontaire ou étranger.
7. Plaisant au goût et, par extension, agréable, aimable.

Explorer le parcours associé : « Modernité poétique ? »

Questions

1. Quels éléments permettent d'identifier ce poème comme un hommage à la poésie de Guillaume Apollinaire ?
2. Où retrouvez-vous des références précises à la mort d'Apollinaire ? Qu'en dit Aragon ?
3. Aragon reprend ici la forme du sonnet*, mais comment la modernise-t-il ? Pour répondre, faites une recherche sur les règles du sonnet, notamment sa versification et le rôle de la répartition en quatrains et tercets.
4. Quels jeux de mot peut-on lire dans le titre « *Un air embaumé* » ?
5. **ÉTUDE DE LA LANGUE** Dans le premier vers, quelles sont la nature et la fonction du mot « à » ?

Texte 6 Aimé Césaire, *Soleil cou coupé*, 1948

Aimé Césaire est né en 1913 à la Martinique, qu'il quitte pour faire ses études à Paris. C'est là qu'il rencontre Léopold Sédar Senghor, à l'origine de sa résolution de faire une poésie militante qui redonnera sa dignité à la culture noire. Il chantera ainsi la « négritude ». Grand lecteur des surréalistes, il rencontre André Breton qui signe la préface de son grand poème « Cahier d'un retour au pays natal ». En 1948, il publie le recueil Soleil cou coupé, *qui tire son nom du dernier vers de « Zone ». Il lit dans cette image d'Apollinaire toute la violence inhumaine de la colonisation.*

« La roue »[1]

La roue est la plus belle découverte de l'homme et la seule
il y a le soleil qui tourne
il y a la terre qui tourne
il y a ton visage qui tourne sur l'essieu[2] de ton cou quand tu pleures
mais vous minutes n'enroulerez-vous pas sur la bobine à

1. Dans la préface de sa pièce *Les Mamelles de Tirésias*, Apollinaire écrit : « *Quand l'homme a voulu imiter la marche, il a créé la roue qui ne ressemble pas à une jambe. Il a fait ainsi du surréalisme sans le savoir* ».
2. Pièce mécanique qui rentre dans une roue et la fait tourner.

vivre le sang lapé
l'art de souffrir aiguisé comme des moignons d'arbre par les couteaux de l'hiver
la biche saoule de ne pas boire
qui me pose sur la margelle³ inattendue ton
10 visage de goélette démâtée⁴
ton visage
comme un village endormi au fond d'un lac
et qui renaît au jour de l'herbe et de l'année
germe

© K éditeur, Paris, 1948.

Questions

1. Relevez dans ce texte toutes les images qui font référence à la roue ou au cercle. Sont-elles des inventions de l'homme ?
2. À quoi sont comparées les « *minutes* » dans les vers 5 et 6 ? Quelle référence mythologique peut-on lire dans la métaphore* « *la bobine à vivre* » ? Pour répondre, faites une recherche sur la figure mythologique des Parques.
3. Comment sont mises en valeur la violence et la difficulté de la vie et de la condition humaine ?
4. Quels éléments montrent la présence de l'espoir d'une vie future meilleure ?
5. **ÉTUDE DE LA LANGUE** Analysez la forme verbale « *Il y a* », présente vers 2, 3 et 4.

Texte 7 Philippe Jaccottet, *À la lumière d'hiver*, 1977

Né en Suisse en 1925, Philippe Jaccottet est connu autant pour ses nombreuses traductions d'œuvres majeures de la littérature que pour sa poésie. Il commence à écrire pendant la Seconde Guerre mondiale, sous l'influence du poète Gustave Roud. Proche de Francis Ponge et d'Yves Bonnefoy, il partage leur méfiance envers le surréalisme, et il élabore une poésie faussement simple, au lyrisme neuf,

3. Rebord d'un puits ou d'une fontaine.
4. La goélette est un petit navire, ici démâté, auquel on a enlevé ses mâts.

Explorer le parcours associé : « Modernité poétique ? »

fondée souvent sur les éléments naturels primordiaux et qui interroge la création poétique.

« Chants d'en bas »

Parler pourtant est autre chose, quelquefois,
que se couvrir d'un bouclier d'air ou de paille…
Quelquefois c'est comme en avril, aux premières tiédeurs,
quand chaque arbre se change en source, quand la nuit
semble ruisseler de voix comme une grotte
(à croire qu'il y a mieux à faire dans l'obscurité
des frais feuillages que dormir),
cela monte de vous comme une sorte de bonheur,
comme s'il le fallait, qu'il fallût dépenser
un excès de vigueur, et rendre largement à l'air
l'ivresse d'avoir bu au verre fragile de l'aube.

Parler ainsi, ce qui eut nom chanter jadis
et que l'on ose à peine maintenant,
est-ce mensonge, illusion ? Pourtant, c'est par les yeux ouverts
que se nourrit cette parole, comme l'arbre
par ses feuilles.
 Tout ce qu'on voit,
tout ce qu'on aura vu depuis l'enfance,
précipité au fond de nous, brassé, peut-être déformé
ou bientôt oublié – *le convoi du petit garçon*
de l'école au cimetière, sous la pluie ;
une très vieille femme en noir, assise
à la haute fenêtre d'où elle surveille
l'échoppe du sellier ; un chien jaune appelé Pyrame
dans le jardin où un mur d'espaliers
répercute l'écho d'une fête de fusils :
fragments, débris d'années –

tout cela qui remonte en paroles, tellement
allégé, affiné qu'on imagine
30 à sa suite guéer[1] même la mort…

© Poésie / Gallimard, 1994.

Questions

1. Dans *Alcools*, Apollinaire décide d'abandonner la ponctuation. Que supprime Philippe Jaccottet dans ce poème ? Quels sont les effets produits ?
2. Dans la première strophe, quels vers vous semblent définir le mieux le lyrisme ?
3. La première strophe relie la parole poétique à la nature. Comment cette nature est-elle décrite ? Quand et pourquoi parle-t-on, selon le poète ?
4. Pourquoi cette parole serait-elle, selon vous, un « *mensonge* » ou une « *illusion* » ?
5. Comment le thème des souvenirs est-il mis en valeur dans ce poème ? S'agit-il de souvenirs heureux ou malheureux ?
6. Le dernier vers évoque la possibilité de « guéer *même* la mort ». Comment comprenez-vous cette expression ? Quel pouvoir de l'écriture poétique exprime-t-elle ?
7. ÉTUDE DE LA LANGUE Analysez la nature de la proposition subordonnée dans les trois derniers vers.

[1]. Passer un cours d'eau à gué, autrement dit à un endroit où l'eau est si peu profonde que l'on peut la traverser à pieds.

Vers le BAC

LA DISSERTATION

1. L'analyse du sujet et la problématisation

SUJET En caractérisant *Alcools* par la métaphore* d'une « *boutique de brocanteur* », Georges Duhamel explique que « *C'est bien là une des caractéristiques de la brocante : elle revend, elle ne fabrique pas* ». Êtes-vous d'accord avec ce jugement critique ?

Analyse du sujet

- Vous trouverez p. 157 l'extrait complet d'où est tiré ce sujet de dissertation. Commencez par le relire, puis par faire une analyse précise des termes du sujet : reprenez chaque mot, donnez-en les différents sens possibles, si besoin les contraires, de manière à pouvoir reformuler avec vos propres termes la pensée de Georges Duhamel et la manière dont elle peut s'appliquer à *Alcools*.

Le brocanteur	Apollinaire
La boutique	Le recueil *Alcools*
Les meubles, fournitures, objets de décoration anciens	– Les thèmes traditionnels de la poésie : l'amour, la mélancolie du temps qui passe, la nature, la mort. – Les formes fixes traditionnelles de la poésie : l'alexandrin, l'octosyllabe, le quatrain. – Les topoï ou motifs poétiques : les fleurs associées aux figures féminines, le temps qui coule comme le fleuve, le « *Ubi sunt* » (voir p. 139). – Les registres poétiques traditionnels : le lyrisme et la figure d'Orphée, le registre élégiaque. – Les figures de style poétiques comme la métaphore, la comparaison. – Les références culturelles : les mythologies antiques, les mythes nordiques, les légendes du cycle arthurien.

« elle revend » Les meubles du brocanteur vont trouver de nouveaux propriétaires.	– Le verbe sous-entend que la poésie d'Apollinaire se contente de transmettre toutes les traditions précédemment évoquées. Le nouveau propriétaire sera ici le nouveau lecteur, à qui le poète transmet les traditions poétiques des siècles passés. – On peut également relever le sous-entendu péjoratif du verbe « revendre ». La poésie devient ici une marchandise, et le critique semble implicitement accuser le poète de se servir des traditions pour donner de la valeur à sa poésie, la commercialiser plus aisément.
« elle ne fabrique pas » Le brocanteur n'est pas un inventeur, un créateur ni un artisan. Il se contente de faire circuler les objets.	– La critique trouve dans cette dernière analogie* son jugement le plus négatif. Duhamel considère en effet qu'Apollinaire n'a aucun talent de créateur, qu'il n'est en rien l'inventeur d'une poésie personnelle. – On peut reprendre le sens étymologique du terme « poésie » : créer, fabriquer en grec. Dès l'origine, le poète est justement l'artisan, celui qui se sert du langage pour construire une nouvelle forme d'expression. Refuser ce statut à Apollinaire, c'est lui refuser le statut de poète au sens le plus noble du terme.

- Ce travail fait, vous pouvez comprendre puis tenter de justifier et d'illustrer les raisons pour lesquelles Georges Duhamel fait ce constat.

Regard critique sur la citation

- Une fois le sujet totalement analysé, demandez-vous sur quels éléments vous pourrez poser des limites au jugement de Duhamel. On peut ici s'interroger sur divers points qui sont contestables :

– Certes, le brocanteur ne fabrique pas les objets de sa boutique. Mais pour pouvoir les vendre, il lui faut souvent réparer les objets, les repeindre, voire les détourner de leur fonction originale pour leur redonner une nouvelle vie, comme le font certains artistes. N'est-ce pas ce que fait Apollinaire lorsqu'il reprend les éléments traditionnels de la poésie ?

– Peut-on réellement dire qu'Apollinaire ne « fabrique » pas ? Qu'en est-il des innovations du recueil, comme la suppression de la ponctuation, les nombreux néologismes*, l'emploi du vers libre ?

– Le brocanteur ne vend que des antiquités, dont la valeur augmente en fonction de leur ancienneté. Apollinaire ne traite-t-il que de sujets anciens ?

Vers le BAC

Quelle place accorder alors à la modernité poétique, aux innovations technologiques présentes dans le recueil, au lexique du monde nouveau ?

• Vous disposez maintenant d'éléments qui vous permettent d'interroger la citation, de la remettre en question, d'en tester la validité. Mise à la forme interrogative, cette réflexion formera le point essentiel de votre dissertation : votre problématique. Sur ce sujet, on pourrait la construire ainsi : si l'on peut dire d'*Alcools* que c'est une « boutique de brocanteur », ce jugement ne met-il pas en valeur, plutôt que le manque d'invention, la nouveauté essentielle d'une création poétique qui fabrique du moderne à partir des objets du passé, voire qui trouve le moderne dans ce passé ?

 Les différents types de plan

SUJET Le poète allemand Hölderlin (1770-1843) écrit dans « L'Ister » : « *Nul, sans ailes, n'a le pouvoir / De saisir ce qui est proche* ». Dans quelle mesure cette conception du poète correspond-elle à la création poétique d'Apollinaire dans le recueil *Alcools* ?

Conseils de méthode

Le choix d'un plan de dissertation littéraire se fait en fonction de la forme que prend la question posée.

• À une **question ouverte**, on répondra souvent par un **plan dit « thématique »** ou, suivant le sujet, **« analytique »**. Ce type de plan répond au sujet donné grâce à trois grandes parties qui vont chacune analyser et approfondir un aspect particulier de la question posée ou de la citation donnée. À l'intérieur de ces parties, des sous-parties viennent analyser un point précis, clairement exposé et illustré par un ou plusieurs exemples. Ce type de plan conduit à une exploration logique et progressive du sujet. Il se présente ainsi :

> **I. Première réponse, ou premier éclairage,** sur la thèse proposée.
> Vous allez dans cette première partie choisir un des aspects du sujet ou une première manière d'en expliquer les enjeux. Ce premier aspect approfondira la partie la plus évidente, la plus simple du sujet, à l'aide de deux ou trois points précis développés en sous-parties.
>
> **II. Deuxième réponse, ou deuxième éclairage.** Vous développerez ici un nouvel aspect ou une nouvelle réponse possible au sujet, plus complexe ou encore plus approfondie que la précédente.

III. Dernière réponse, et éclairage le plus large, le plus ouvert sur la thèse donnée. Comme les deux premières parties, la dernière propose l'ultime aspect du sujet à analyser, ou encore celui qui vous paraît le mieux à même de l'éclairer totalement. Cette dernière partie peut également proposer un élargissement du sujet, ou encore une nouvelle manière de l'envisager qui puisse dépasser les deux premiers aspects étudiés.

- À une **question fermée**, à laquelle on peut répondre oui ou non, on répondra par un **plan « dialectique »**. C'est une démarche qui vient mettre une affirmation en débat. On vérifie, on teste la justesse ou la réalité d'une affirmation donnée, que l'on tente en dernière partie de dépasser en proposant une autre manière de considérer les choses. Ce type de plan se présente ainsi :

I. Thèse. C'est la partie où vous adopterez la position donnée dans le sujet ou dans la citation, en démontrant qu'elle peut être valable. Vous la justifierez à l'aide de trois arguments, chacun étayé par un ou plusieurs exemples précis tirés de l'œuvre.

II. Antithèse. Vous démontrerez dans cette seconde partie les limites de cette position, en prouvant qu'elle n'est pas toujours vraie, qu'elle peut être remise en question. Il ne s'agit pas pour autant de dire le contraire de ce qui a été affirmé en première partie, mais de venir nuancer son propos.

III. Synthèse. Attention à ce terme ! Ce n'est pas ici un synonyme de « résumé », ou de « mélange » des deux premières parties. Vous allez dans cette partie tenter de résoudre et de dépasser la contradiction des deux premières, par une nouvelle proposition, qui est la réponse que vous souhaitez apporter à votre problématique.

Hiérarchiser ses idées

Quel que soit le plan que vous adopterez, vous veillerez à toujours appliquer cette règle essentielle : on classe ses arguments des plus évidents aux plus importants, tant pour l'ordre des parties que pour celui des sous-parties.

Vers le BAC

Construction d'un plan

Questions

> **1.** Après avoir analysé tous les termes du sujet, reformulez la position d'Hölderlin dans cette citation. Sur quel paradoxe ce jugement se fonde-t-il ?
>
> **2.** Quels éléments du recueil *Alcools* vous permettent de faire le lien entre cette citation et la conception que Guillaume Apollinaire a de la poésie ?
>
> **3.** La question posée est-elle ouverte ou fermée ? Quel plan pouvez-vous choisir pour construire votre dissertation ?

1. Pour Hölderlin, il faut posséder des « *ailes* » pour pouvoir « *saisir ce qui est proche* ». Il y a donc un paradoxe dans ce jugement : on s'attendrait en effet à devoir être proche des choses pour pouvoir les considérer, les remarquer, les analyser. Or ici, pour le poète, il faut à l'inverse prendre de la distance face à elles de manière à mieux les observer. Le travail du poète consisterait donc à s'éloigner du réel, du présent, à s'envoler au dessus de lui, ou encore à le surplomber, de manière à mieux pouvoir en rendre compte. Le poète est alors en position de supériorité par rapport aux autres hommes. On peut penser à la fameuse allégorie* de l'albatros faite par Baudelaire dans le poème du même nom : le poète est cet oiseau majestueux, « *ce prince des nuées* », celui qui a le pouvoir, complexe à gérer, de s'élever au-dessus du monde pour le décrire.

2. L'évocation des « *ailes* » par Hölderlin peut renvoyer tout d'abord à toutes les figures d'oiseaux présentes dans le recueil *Alcools* : les phénix, qui renaissent de leurs cendres, le pi-mu, oiseau fabuleux qui vole à l'envers, mais aussi Icare, ce héros mythologique qui a voulu voler trop près du soleil. Plus métaphoriquement, de quelle manière Apollinaire prend-il de la distance par rapport au présent, au réel ? Ce peut être en retournant en arrière, en s'inspirant de toutes les formes poétiques passées, de toutes les figures mythologiques, bibliques ou historiques d'antan. Ces dernières sont alors convoquées pour mieux dire le présent, en tant qu'il s'inscrit dans une durée, comme la suite de tout ce passé, et non dans une rupture. On pourrait penser à la description de la tour Eiffel dans « Zone » : « *Bergère Ô tour Eiffel* », qui lie ce qui est tout proche, tout neuf, et l'image ancienne de la bergère des troupeaux.

3. La question est ici ouverte, et l'on attend de vous un jugement personnel. L'expression « *dans quelle mesure* » vous autorise deux positions possibles. Soit vous pensez être en mesure de contester cette conception, d'en montrer les limites chez Apollinaire, et vous construirez un plan dialectique ; soit vous êtes parfaitement en accord avec la manière dont ce jugement rend compte de la poésie d'*Alcools*, et vous suivrez un plan thématique ou analytique.

A – Plan dialectique

I. Apollinaire est effectivement un poète « ailé », qui prend de la distance par rapport au réel pour mieux en rendre compte, notamment par son rapport au passé.

II. Cependant, il est proche de son temps, il appartient au présent qu'il évoque dans *Alcools* et revendique même parfois cette appartenance.

III. Si Apollinaire adopte la posture surplombante du poète, ce n'est pas parce qu'il se sent supérieur aux autres hommes, mais parce son « je » poétique devient celui du créateur, voire du prophète.

B – Plan thématique

I. Apollinaire est un poète « ailé », dans le sens où, dans *Alcools*, les motifs des oiseaux, du vol, sont au cœur de son écriture poétique et qu'ils représentent métaphoriquement son rapport au passé.

II. Les « ailes » d'Apollinaire sont alors essentielles dans le sens où cet envol, cette prise de distance, lui permet paradoxalement de « *se saisir / De ce qui est proche* ».

III. Le poète est enfin « ailé », dans la mesure où, par l'ivresse ou l'enthousiasme (au sens étymologique), il surplombe les hommes et le présent pour dire son « *chant d'universelle ivrognerie* ».

3 La construction d'une argumentation

SUJET La nouveauté poétique n'est pas rupture mais geste de reprise de tout le passé. Partagez-vous ce jugement ? Vous vous appuierez sur votre lecture d'*Alcools* et sur les textes du parcours associé que vous avez étudiés en classe.

Questions

1. Quel est le paradoxe de cette affirmation ? Posez, sous la forme interrogative, une problématique.
2. Faites une recherche de tout de ce que vous savez du recueil *Alcools* qui vous permettrait d'étayer cette affirmation, et des idées qui vous semblent s'y opposer, la contester.
3. Construisez le plan dialectique qui répondra à votre problématique.

Vers le BAC

Analyse du sujet

- On peut s'interroger ici sur cette conception de la « nouveauté poétique ». A priori, elle désigne ce qui se situe à l'époque actuelle, ce qui est neuf, original, ou encore ce qui se veut à l'avant-garde du progrès ou de la création. Il est donc paradoxal de définir la nouveauté par un « geste de reprise de tout le passé » ! Par ailleurs, le paradoxe est appuyé dans ce sujet par la négation suivante : cette nouveauté « n'est pas rupture ». Là encore, on s'oppose à une idée communément admise que toute chose neuve est forcément en rupture avec ce qui précède, qu'elle s'inscrit dans une cassure, une coupure totale avec le passé pour ouvrir sur une ère totalement innovante.

- **Problématique :**

La poésie d'Apollinaire est-elle neuve dans le sens où le poète ramènerait à lui tout le passé pour en faire le socle d'un renouveau poétique ? Ne pourrait-on pas affirmer que sa modernité consiste à retrouver, dans ce passé comme dans son présent, ce qui fait l'homme ?

> **Pour bien argumenter**
>
> Lorsque vous construisez vos plans détaillés au brouillon, pensez à débuter vos sous-parties par « parce que ». Vous aurez alors la certitude que ces sous-parties sont bien des arguments, et non des exemples.

Proposition de plan détaillé

> **I. [Thèse] Pour créer son « lyrisme nouveau », Apollinaire ramène bien à lui le passé.**
>
> **A.** Parce qu'il convoque tout un ensemble de références culturelles passées, de l'Antiquité au Moyen Âge.
>
> **B.** Parce qu'il emploie des formes poétiques traditionnelles, tant dans les thèmes employés que dans les formes fixes, la métrique ou la versification.
>
> **C.** Parce que sa poésie s'inscrit dans le sillage d'Orphée, d'Apollon et de Dionysos.
>
> **II. [Antithèse] La modernité d'Apollinaire ne se fonde pourtant pas que sur une reprise de ce passé : il est aussi un poète, un créateur, au sens étymologique du terme. La modernité poétique peut alors être une rupture avec le temps qui précède.**
>
> **A.** Parce qu'il travaille les mots comme un véritable matériau : il leur donne de nouveaux sens, il crée des néologismes*. Il y a bien une rupture au niveau du langage poétique.

B. Parce que si le passé est convoqué, le présent aussi ! La poétique d'Apollinaire est celle de la ville moderne, du progrès, du cosmopolitisme.

C. Parce que sa poésie s'inscrit dans le sillage d'Orphée, d'Apollon et de Dionysos.

II. [*Antithèse*] La modernité d'Apollinaire ne se fonde pourtant pas que sur une reprise de ce passé : il est aussi un poète, un créateur, au sens étymologique du terme. La modernité poétique peut alors être une rupture avec le temps qui précède.

A. Parce qu'il travaille les mots comme un véritable matériau : il leur donne de nouveaux sens, il crée des néologismes*. Il y a bien une rupture au niveau du langage poétique.

B. Parce que si le passé est convoqué, le présent aussi !
La poétique d'Apollinaire est celle de la ville moderne, du progrès, du cosmopolitisme.

C. Parce que la poésie d'Apollinaire ne se contente pas de rendre compte du passé et du présent : elle les transforme, les métamorphose.

III. [*Synthèse*] La modernité d'*Alcools* se trouve dans les pouvoirs de l'écriture poétique, capable à la fois de déceler le moderne dans le passé, mais aussi de découvrir dans le présent l'essence des hommes et du monde, tendue vers le futur.

A. Parce qu'en réalité, le passé contient le moderne. Comme l'écrit le poète contemporain Dominique Fourcade, « *c'est à nous de l'y découvrir* ».

B. Parce que, comme l'écrit Victor Hugo dans *Les Contemplations*, « Créer, c'est unir la modernité du prétexte à l'éternité des résonnances ». La modernité poétique est alors dans le fait de se saisir du passé pour proposer une universalité.

C. Parce que le recueil tout entier, s'il offre une modernité possible par la présence essentielle du passé, est tendu vers le futur, vers l'avenir. Le poète se fait alors prophète.

S'entraîner

Vous rechercherez, pour chaque argument de ce plan de dissertation, un ou deux exemples précis extraits des poèmes du recueil *Alcools*. Vous veillerez à ce que ces exemples non seulement illustrent les arguments, mais surtout qu'ils les éclairent, qu'ils les rendent plus évidents pour le lecteur.

Vers le BAC

L'ORAL DU BAC

PREMIÈRE PARTIE

Exposé oral

Modalités de l'épreuve

- **Temps de préparation :** 30 minutes.
- **Durée de l'exposé :** 12 minutes.
- L'examinateur propose au candidat l'un des textes de son descriptif, ainsi qu'une question de grammaire qui porte sur un bref extrait (phrase ou partie de phrase) du texte à travailler.
- À l'issue du temps de préparation, le candidat expose son analyse du texte en respectant la démarche suivante : situation du texte dans l'œuvre ou dans le groupement choisi par le professeur, lecture expressive, explication linéaire et réponse à la question de grammaire.

1 Le texte et sa présentation

- L'examinateur soumet, pour la **lecture linéaire**, un texte issu du descriptif construit par le professeur. Les documents officiels indiquent que le texte ne devra pas excéder une vingtaine de lignes de prose continue : le cas échéant, l'examinateur peut donc sélectionner une partie seulement d'un texte.

S'entraîner

- L'explication de texte p. 51 sur le poème « Cortège » propose un texte assez long, qui pourrait donc être coupé par un examinateur pour l'oral. Sélectionnez dans le texte un ensemble de trente lignes que l'on pourrait vous donner à l'oral.
- Quels changements ce découpage implique-t-il dans votre analyse ? Cela changerait-il le sens du texte ?

- **L'introduction** présente le texte non seulement dans son contexte direct (ici, le recueil *Alcools* et les circonstances de son écriture), mais également dans le parcours associé (ici, la modernité poétique en question). Elle débouche sur l'exposition des différents mouvements du texte, suivie de la problématique.

Exemple de présentation du poème « Marie »

a. LE TEXTE ET SON CONTEXTE Apollinaire écrit à un critique que chacun de ses poèmes est « *la commémoration d'un événement de [sa] vie* ». Le recueil *Alcools*, publié en 1913, concentre en effet des poèmes écrits par Apollinaire sur une période d'une douzaine d'années, et qui font régulièrement référence à sa vie personnelle. Cela se justifie avec « Marie », puisque le titre même du poème renvoie à un élément biographique majeur chez Apollinaire : sa liaison, puis sa rupture avec la peintre Marie Laurencin. On peut également l'associer à une autre femme aimée, Maria Dubois, dont il est tombé amoureux dans sa toute jeunesse.

b. LE PARCOURS ASSOCIÉ La question de la modernité poétique est fondamentale chez ce poète qui revendique lui-même l'écriture d'un « *lyrisme nouveau* », mais à qui un critique a pu reprocher en même temps de ne pas avoir suffisamment créé, de n'avoir construit qu'une « *boutique de brocanteur* ». Le poème « Marie » s'inscrit dans cette dualité de la poésie d'Apollinaire, entre la réécriture de topoï anciens et la nouveauté de la forme et des images.

c. ANNONCE DU PLAN ET DE LA PROBLÉMATIQUE Comme bien des poètes avant lui, Apollinaire pleure, dans ce poème, un amour perdu. Si les dix premiers vers évoquent très précisément la rupture amoureuse, les suivants se concentrent bien davantage sur l'expression du désespoir du poète. L'essentiel de ce texte se trouve enfin dans le dernier quintile, qui tente d'exprimer la fuite du temps et de s'en arranger. « Marie » n'est-il qu'un poème de la déploration amoureuse, ou ne réfléchit-il pas surtout aux pouvoirs de la poésie, capable de contrer la fuite inexorable du temps ?

2 L'explication linéaire à l'oral

Exemple d'explication du poème « Marie »

I. Le poème d'un amour perdu (v. 1-10)

– La première strophe présente la jeune femme. Relever le jeu des temps et des appellations : les deux premiers vers juxtaposent le passé et la « *petite fille* », et le futur de la « *mère-grand* ».

– La question rhétorique v. 5, au futur simple, annonce le thème de l'amour perdu : si le poète s'interroge sur le retour (« *Quand reviendrez-vous* »), c'est que « *Marie* », enfin nommée, est partie.

– Le portrait de Marie se construit dès la première strophe, mais il est repris par le blason de la quatrième. Montrer comment les images poétiques la lient à l'automne, saison de la mélancolie et du deuil.

Vers le BAC

– Relever le lexique de la musique, et montrer que l'on passe de la musique joyeuse de la danse à la « *musique [...] si lointaine* », qui vient « *des cieux* » (v. 7-8).

– Montrer le passage de la fête au silence qui se joue dans les deux premières strophes.

→ En guise de conclusion, analyser précisément les vers 9-10, et les antithèses présentes. Vers 9 s'opposent « *aimer* » et « *à peine* » : à l'antithèse s'ajoute la syllepse entre l'expression « *à peine* », peu, et la « *peine* », la souffrance. Le vers suivant la reprend dans l'opposition entre « *mal* » et « *délicieux* » : le seul plaisir du poète est dans la souffrance de la perte amoureuse, par laquelle Marie reste présente.

→ Faire une transition avec le second axe de l'explication : alors que l'adresse directe des dix premiers vers fait de Marie la destinatrice du poème, c'est en réalité pour mieux souligner son absence, et le désespoir qui en découle pour le poète.

II. Le désespoir du poète (v. 11-20)

– Relever les verbes qui annoncent le départ, la fuite : « *s'en vont* », « *passent* », « *s'en iront* ».

– Les sujets de ces verbes, « *les brebis* », « *des soldats* », accentuent les images du départ. Expliquer précisément pourquoi et interpréter le choix de la « *neige* » qui redouble l'image des « *brebis* ».

– Les verbes de connaissance sont systématiquement à la forme interrogative, pour mettre en avant l'ignorance totale du poète : penser à interpréter l'anaphore « *Sais-je* » de la troisième strophe.

– Analyser précisément les vers 13 à 15, en relevant les répétitions des mots « *cœur* » et « *changeant* ».

– L'automne est au centre de la quatrième strophe : rappeler son sens symbolique pour Apollinaire, et analyser la métaphore des mains « *feuilles de l'automne* ».

– Au vers 20, les « *aveux* » sont également métaphorisés : comme les mains de Marie, comme les feuilles, ils sont au sol. Penser à expliquer de quels aveux il peut s'agir ici, et pourquoi ils « *jonchent* » la terre.

→ En conclusion, montrer que le désespoir du poète est systématiquement relié à Marie et à la disparition de toute chose. Alors que tout passe, lui semble ne pas pouvoir évoluer, privé de tout, y compris d'« *un cœur à* [lui] ».

→ Pour une transition, reprendre le thème de l'automne à la quatrième strophe, et faire un lien avec les autres poèmes du recueil où cette saison est présente et où elle évoque symboliquement la fuite du temps

III. La fuite irrépressible du temps

– Relever la rupture créée par le vers 21 : le passage à l'imparfait, le « *je* » poétique en début de vers.

– Montrer que la strophe se construit sur une temporalité complète : le passé (« *je passais* »), le présent (« *il s'écoule* »), jusqu'au futur (« *finira* »).

– Le futur « *quand donc se finira la semaine* » est employé paradoxalement : il y a bien un avenir, mais qui semble ne jamais advenir, justement. Le temps passe lentement, alors que le poète souhaiterait qu'il passe bien plus vite.

– Analyser et interpréter la présence du fleuve qui « *s'écoule et ne tarit pas* », et la comparaison « *pareil à ma peine* ». Montrer le rôle de la « *Seine* », de l'écoulement du temps.

– Faire un lien entre la question rhétorique du dernier vers et celle du vers 5 qui enferment le poème tout entier dans une douloureuse interrogation.

→ Pour conclure, expliquer le sens symbolique du « *livre ancien* » que le poète porte. Montrer qu'il peut s'agir d'une métaphore pour cet amour ancien, passé, qu'il transporte cependant toujours avec lui puisqu'il ne peut l'oublier. Il peut également faire référence aux sources d'inspiration poétique du texte, à la réécriture de motifs anciens comme le thème du « ubi sunt ».

→ Terminer en montrant les liens qui unissent ce texte et « Le pont Mirabeau ».

Conseils de méthode

Construire à l'oral une explication linéaire n'est pas chose facile. Il vous faudra absolument vous entraîner pour réussir à rester dans les bornes temporelles de l'épreuve (soit huit minutes environ, ce qui est très bref, et pour présenter vos analyses de texte de manière fluide, en évitant l'écueil des répétitions.

– **La nécessité d'une architecture et d'un fil conducteur.** Le principal danger d'une explication linéaire réside dans la juxtaposition d'analyses stylistiques (relevé et analyse de figures de style ou de constructions, par exemple) qui n'ont aucun lien les unes avec les autres. On risque

de transformer l'explication en une liste interminable de procédés, qui ne peuvent plus rendre compte de l'unité du texte. Il faut donc absolument tenir compte du plan de votre analyse, fondé sur une étude de la structure du texte. Rappelez-le régulièrement : vos analyses doivent être des arguments pour démontrer la validité des axes annoncés. Enfin, n'oubliez pas votre problématique ! Elle ne doit pas être simplement présente au début et à la fin de votre exposé, elle doit être régulièrement reprise, parce qu'elle en est le fil conducteur indispensable.

– **Traquer les répétitions.** Le second risque est d'enchaîner les analyses en les annonçant toutes à l'aide des mêmes formules grammaticales : « on voit bien que », « ça nous montre bien que », « on relève ici », « on relève là ». De la même manière, attention aux connecteurs logiques qui, s'ils sont indispensables pour lier vos phrases, ne doivent pas se résumer à d'inlassables répétitions de « puis » ou « ensuite ». Enfin, une mauvaise explication linéaire serait de commencer par lire une phrase ou un passage du texte, puis de l'analyser en repérant les procédés... Faites en sorte de commencer vos phrases par une interprétation, que vous justifierez ensuite par un exemple analysé. Un bon entraînement consiste à rédiger intégralement l'analyse linéaire de l'un des textes travaillés en classe. Vous constaterez ainsi la difficulté de l'exercice, et vous pourrez trouver des parades pour rendre votre travail fluide.

– **Réfléchir aux attentes de l'examinateur.** Passer un examen, c'est toujours se poser cette question : qu'attend-on de moi ? Que recherchera votre examinateur ? Il veut savoir si vous avez compris le texte et si vous savez utiliser vos connaissances en analyse stylistique pour interpréter le texte, et non simplement pour en faire un relevé plus ou moins exhaustif. Il va également être attentif à la qualité de votre expression orale : il est tout aussi important de savoir construire des phrases correctes que de savoir faire une analyse grammaticale. Veillez donc à votre syntaxe, faites des phrases courtes mais justes, et choisissez avec soin votre vocabulaire.

DEUXIÈME PARTIE

Entretien avec l'examinateur

Modalités de l'épreuve

- **Durée de l'entretien :** 8 minutes.
- **Premier temps de l'épreuve :** présentation par le candidat d'une œuvre choisie parmi celles étudiées en lecture intégrale en classe avec le professeur, puis exposé argumenté des raisons de ce choix.
- **Deuxième temps de l'épreuve :** entretien avec l'examinateur sur cette œuvre.

1 La présentation de l'œuvre choisie

• Vous aurez travaillé en classe quatre œuvres intégrales, une par objet d'étude. Il vous faudra, au cours de l'année, décider laquelle de ces œuvres vous choisirez de présenter à votre examinateur. Pour ce faire, il vous faut encore une fois réfléchir à ce que l'on attendra de vous sur cette partie de l'examen.

– **Une présentation qui témoigne d'une lecture personnelle de l'œuvre.** Votre examinateur cherchera à voir à quel point vous avez été engagé dans cette lecture. Cette implication est essentielle : choisissez une œuvre que vous avez aimée, ou qui vous a interrogé, voire dérangé. On parle parfois mieux d'une œuvre qui nous remet en question que d'une œuvre à laquelle on adhère trop pour avoir la distance nécessaire à son étude.

– **Des capacités argumentatives.** Il ne s'agit pas simplement de parler « sur » l'œuvre, mais de défendre votre choix, votre lecture, à l'aide d'arguments construits, élaborés à l'avance, et étayés par des exemples précis qui démontrent votre connaissance approfondie de l'œuvre en question.

Une fois l'œuvre choisie, construisez un dossier personnel sur cette œuvre. Il peut être utile pour cela d'avoir tout au long de l'année un carnet de lecture, dans lequel vous consignerez vos impressions de lecteur, vos remarques, tout ce à quoi cette lecture vous fait penser, toutes les références que vous pouvez mobiliser pour en discuter. Si vous choisissez de présenter *Alcools* à l'oral, il vous faudra savoir répondre avec exactitude aux questions suivantes :

Vers le BAC

– Pour quelles raisons avez-vous choisi cette œuvre ? En quoi vous a-t-elle touché, interrogé, marqué ?

– Que savez-vous de Guillaume Apollinaire ? Quels éléments de sa vie sont importants pour comprendre le recueil *Alcools* ?

– Comment la notion de « modernité poétique » s'applique-t-elle à ce recueil d'Apollinaire ? N'oubliez pas que le titre du parcours associé est « La modernité poétique ? » Le point d'interrogation doit vous pousser à nuancer cette appellation.

– Quels autres poètes avez-vous découvert au fil de votre analyse d'*Alcools* ? En quoi sont-ils importants pour cerner l'importance de ce poète et sa conception du genre poétique ?

– Quels sont, dans ce recueil, vos poèmes préférés ? Pourquoi ?

– Avez-vous un ou plusieurs vers en mémoire qui représentent pour vous le recueil et la poésie d'Apollinaire ?

2 L'entretien avec l'examinateur

- Si votre travail de l'année a été régulier, si l'œuvre que vous présentez a été lue avec une réelle implication personnelle, cette dernière partie de votre examen oral sera sans doute la plus plaisante. Les questions que votre examinateur vous posera ne seront que des aides pour approfondir cette présentation, questionner votre lecture de l'œuvre et montrer l'étendue de vos connaissances culturelles autour de cette lecture.

- Outre ces connaissances, votre examinateur testera votre capacité à dialoguer, à écouter les questions posées, à, parfois, remettre en question ou en perspective vos analyses. Prenez-le comme ce qu'il est : un temps d'échange, de réflexion à deux, autour d'un même objet littéraire.

Lexique de la poésie

- **Alexandrin :** nom plus fréquent du dodécasyllabe, soit un vers de 12 syllabes. Dans sa forme la plus classique, il comporte deux hémistiches (moitiés de vers) séparées par une césure (coupe centrale).

- **Allégorie :** représentation concrète (à l'aide d'une description ou d'un récit) d'une idée abstraite ou d'une notion, de manière à la rendre plus compréhensible.

- **Allitération :** répétition d'une même consonne ou de consonnes phonétiquement voisines (comme /p/ et /b/).

- **Alternance des rimes :** la versification classique impose une alternance entre les rimes féminines (terminées par un /e/) et les rimes masculines (non terminées par un /e/).

- **Analogie :** correspondance, ressemblance, rapport d'identité entre deux éléments bien différents.

- **Anaphore :** figure d'amplification, qui consiste en la répétition en tête de phrase ou de vers d'un même mot ou d'un même groupe de mots.

- **Antépiphore :** figure de style consistant dans la reprise d'un même mot ou groupe de mots au début et à la fin d'une phrase ou d'un ensemble de vers.

- **Antithèse :** figure d'opposition, qui oppose très fortement deux termes ou deux groupes de mots dans une phrase ou dans un texte.

- **Assonance :** répétition d'une même voyelle ou de mêmes sons voyelles.

- **Autobiographie :** selon Philippe Lejeune, « *récit rétrospectif en prose qu'une personne réelle fait de sa propre existence, lorsqu'elle met l'accent sur sa vie individuelle, en particulier sur l'histoire de sa personnalité* » (*Le Pacte autobiographique*, Seuil, 1996).

- **Blanc :** espace typographique laissé en blanc, sans texte, pour isoler un vers ou séparer les strophes dans un poème.

- **Chiasme :** figure de construction qui inverse l'ordre des termes dans une phrase fondée sur une symétrie.

- **Comparaison :** figure d'analogie qui associe deux termes (le comparant et le comparé) à l'aide d'un outil grammatical de comparaison (comme, pareil à, etc.).

- **Disposition des rimes :** rimes plates ou suivies (AABB), rimes croisées (ABAB), rimes embrassées (ABBA).

- **Distique :** strophe de deux vers.

Lexique de la poésie

- **Énallage :** substitution dans une phrase d'une personne ou d'un temps à ceux qui seraient attendus par la syntaxe ou par la logique.

- **Enjambement :** effet de continuité dans une strophe ou entre plusieurs vers, constitué par la poursuite de la phrase débutée au premier vers sur le ou les vers suivants.

- **Énonciation :** action d'énoncer, fait de prononcer des mots, de construire des phrases, visant à transmettre un message à son destinataire.

- **Énumération :** liste qui énumère tous les éléments d'un même ensemble.

- **Heptasyllabe :** vers de sept syllabes.

- **Hétérométrie :** utilisation de vers différents dans une même strophe ou dans un même poème.

- **Hypallage :** attribution syntaxique à certains mots d'une phrase d'éléments, souvent des adjectifs, qui conviennent logiquement à d'autres mots de cette même phrase.

- **Isotopie :** récurrence, dans un texte, de divers éléments (mots, champs lexicaux, pronoms personnels) qui permettent de le comprendre et d'en saisir le ou les thèmes.

- **Litanie :** à l'origine forme particulière d'une prière, elle désigne plus souvent une énumération très longue et répétitive.

- **Métaphore :** figure d'analogie qui assimile deux termes l'un à l'autre (le comparant et le comparé), en les réunissant sans outil de comparaison.

- **Métonymie :** figure de substitution, qui remplace un mot par un autre avec lequel il a un rapport logique (l'objet par sa matière, le contenu par le contenant).

- **Monologue intérieur :** technique littéraire où les pensées du personnage sont rapportées au discours indirect libre, comme si nous étions à l'intérieur de sa conscience.

- **Motif :** élément thématique ou narratif.

- **Néologisme :** expression ou mot nouveau, créé de toute pièce et intégré dans une langue donnée.

- **Onomatopée :** mot qui évoque par ses seules sonorités la chose qu'il désigne.

- **Paradoxe :** énoncé d'une idée (doxa) contraire à l'opinion généralement admise.

- **Quatrain :** strophe de quatre vers.

- **Quintile :** strophe de cinq vers.

- **Rime :** homophonie (identité de sons). On parle de rime lorsque la dernière voyelle sonore et parfois les consonnes précédentes de deux ou plusieurs mots ont le même timbre.

- **Ritournelle :** chanson où les refrains reviennent très fréquemment.

- **Sonnet :** forme fixe poétique, constituée à l'origine de deux quatrains suivis d'un sizain qui sera rapidement scindé en deux tercets.

- **Strophe :** unité poétique faite d'un nombre déterminé de vers et parfois d'une unité des mètres et des rimes.

- **Structure en boucle :** structure narrative particulière où la fin propose un retour au point de départ.

- **Topos :** en littérature, un topos (pluriel topoï) est un motif particulier que l'on retrouve dans plusieurs œuvres littéraires.

Conseils de lecture

Du monde entier au cœur du monde. Poésies complètes, Blaise Cendrars, 1913

On trouvera dans ce recueil « La prose du Transsibérien et de la petite Jehanne de France », long poème autobiographique, dans lequel Cendrars évoque son voyage en Russie en compagnie d'une jeune fille, qui s'avère être une fille de joie. Apollinaire a été fasciné par ce texte que Cendrars lui avait demandé de lire avant sa parution.

Les Fleurs du Mal, Charles Baudelaire, 1857

Il faut avoir parcouru ce recueil de Baudelaire, qui ouvre par le scandale la voie de la modernité poétique. Les « Tableaux Parisiens », ajoutés dans l'édition de 1861, font de « l'énorme Paris » un personnage poétique central.

Les Cahiers de Douai, Arthur Rimbaud, 1870

Premier recueil écrit par Rimbaud, Les Cahiers de Douai concentrent la fougue adolescente de leur auteur et ses premières provocations, politiques et poétiques. Entre réminiscences autobiographiques et lyrisme symboliste, ces poèmes annoncent déjà le poète-voyant.

Les Filles du feu, Gérard de Nerval, 1854

Ces courts récits à l'atmosphère onirique permettent de découvrir l'univers mystique et mystérieux de l'inventeur de Nerval, considéré par les surréalistes comme l'un de leurs précurseurs. *Les Chimères*, recueil de douze sonnets, développent avant l'heure les thèmes propres aux symbolistes, dans une lecture ésotérique et syncrétique du monde.

Capitale de la douleur, Paul Éluard, 1926

Quelques-uns des plus beaux poèmes d'Eluard sont dans ce recueil représentatif de la poésie surréaliste. La langue d'une grande pureté s'allie aux images les plus sensibles, et la variété des formes poétiques témoigne d'une modification profonde de l'écriture poétique.

Sommaire des poèmes

Zone	12
Le pont Mirabeau	19
La Chanson du Mal-Aimé	20
Aubade chantée à Lætare un an passé	23
« *Beaucoup de ces dieux ont péri...* »	24
Réponse des Cosaques Zaporogues au Sultan de Constantinople	25
« *Voie lactée (1)* »	26
Les sept épées	29
« *Voie lactée (2)* »	30
Les colchiques	33
Palais	36
Chantre	38
Crépuscule	38
Annie	39
La maison des morts	40
Clotilde	47
Cortège	48
Marizibill	53
Le voyageur	54
Marie	56
La blanche neige	60
Poème lu au mariage d'André Salmon	60
L'adieu	60
Salomé	62
La porte	63
Merlin et la vieille femme	64
Saltimbanques	64
Le larron	67
Le vent nocturne	68
Lul de Faltenin	73
La tzigane	74
L'ermite	76
Automne	77
L'émigrant de Landor Road	81
Rosemonde	82
Le brasier	86
« *Je flambe dans le brasier...* »	87
« *Descendant des hauteurs...* »	88
Rhénanes	89
Nuit rhénane	90
Mai	90
La synagogue	93
Les cloches	94
La Loreley	95
Schinderhannes	96
Rhénane d'automne	98
Les sapins	99
Les femmes	101
Signe	103
Un soir	104
La dame	105
Les fiançailles	106
« *Mes amis m'ont enfin avoué...* »	107
« *Je n'ai plus même pitié de moi...* »	107
« *J'ai eu le courage de regarder en arrière...* »	108
« *Pardonnez-moi mon ignorance...* »	108
« *J'observe le repos du dimanche...* »	109
« *À la fin les mensonges...* »	109
« *Au tournant d'une rue...* »	110
« *Templiers flamboyants...* »	110
Clair de lune	111
1909	111
À la Santé	113
Automne malade	118
Hôtels	119
Cors de chasse	120
Vendémiaire	120

Crédits photographiques

Couverture : August Macke, *Formes colorées*, © LWL-Mkuk/Artothek/La collection.

p. 8 : © Edition-Originale.com ;

p. 9 : © RMN Grand Palais (Musée national Picasso Paris) / Thierry Le Mage ;

p. 11 : *Guillaume Apollinaire au café de Flore, le 22 mai 1914*, dessin signé IML, coll. privée, © BIS / Ph. Coll. Archives Larbor-DR ;

p. 19 : © BIS / Ph. Coll. Archives Larbor ; © BIS / Ph. Coll. Archives Larbor ;

p. 44 : © BIS / Ph. Coll. Archives Larbor ;

p. 52 : © BIS / Ph. Coll. Archives Larbor ;

p. 57 : © DR/Photographie anonyme non sourcée ;

p. 81 : © BIS / Ph. H. Josse ;

p. 84 : © Through prior bequest of Mr. and Mrs. Martin A. Ryerson Collection ;

p. 91 : gravure de Frédéric Théodore, 1889, © BNU de Strabourg ;

p. 112 : © Private Collection / The Stapleton Collection/ Bridgerman ;

p. 117 : © Domaine public ;

p. 128 : © BIS / Ph. Coll. Archives Larbor ;

p. 131 : © BIS / Ph. Coll. Archives Larbor ;

p. 135 : © Photo Josse/Leemage ;

p. 137 : © Artothek / LA COLLECTION ;

p. 138 : © BIS / Ph. © Archives Nathan/ Succession Picasso ;

p. 143 : © BIS / Ph. Eileen Tweedy © Archives Larbor ;

p. 144 : © Collection Kharbine-Tapabor ;

p. 155 : © Léon et Lévy/Roger-Viollet ;

p. 161 : © Bibliothèque nationale de France ;

p. 162 et II : © Photo Art Media/Heritage Images/Scala, Florence ;

p. 163 et III : © Succession Picasso – Gestion droits d'auteur ;

p. 165 : © BIS / Ph. Coll. Archives Nathan/Succession Picasso.

Conception graphique : Élise Launay

Recherche iconographique : Annie-Claire Auliard, Célia Diop, Gaëlle Mary

Mise en page : Facompo

Édition : Suzanne Pointu